JN438643

# 사는 게 기도다

**박미서 수필집**

# 사는 게 기도다

**인쇄** 2022년 12월 1일
**발행** 2022년 12월 5일

**지은이** 박미서
**발행인** 서정환
**펴낸곳** 수필과비평사
**주소** 서울시 종로구 삼일대로 32길 36(익선동 30-6 운현신화타워 빌딩) 305호
**전화** (02) 3675-3885, (063) 275-4000 · 0484
**팩스** (063) 274-3131
**이메일** sina321@hanmail.netessay321@hanmail.net
**출판등록** 제300-2013-133호
**인쇄 · 제본** 신아출판사



ISBN 979-11-5933-441-2 03810
값 13,000원

# 사는 게 기도다

박미서 수필집

수필과비평사

# 책머리에

나와 타인의 '관계'는 서로 스며들기도 하고 경계, 저쪽이나 이쪽에서 단절되기도 한다.

그렇게 '그들'과 얽힌 사연들이 삶의 족적으로 남았다.

지루해 하지 않고 이만큼이나 씩씩하게 걸어올 수 있었던 것은 순전히 내게 베풀어준 '그들'의 따뜻한 배려 때문이었다고 해도 과언이 아니다.

내게 관심과 사랑과 위로와 용기를 주었던 '그들'이 미처 고맙다는 인사를 할 시간도 없이 한 사람씩 세상을 떠나갔다. 2, 3년 사이에 몇 사람이 더 돌아갔다.

지칠 때면 '그들'의 뜻을 헤아리며 나는 다시 힘을 얻는다.

그만큼 빚을 졌다는 말이기도 하다.

그래도 아직은 내 곁에 남아있는 이들이 많다.

'그들'의 무언의 가르침을 더욱 소중히 여기며 한발 한발 앞으로 나가야겠다.

'그들'과 얽힌 사연들로 점점이 수놓은 이 글들을 엮으며 마음의 빚을 내려놓으려 한다.

이 책으로나마 갚을 수 있었으면 좋겠다고 어림없는 희망을 품어본다.

2022년 겨울에

박미서

# 차례

## 안녕하신가요

차례

# 3

## 온기를 나누다

## 개와 늑대의 시간, 경계를 허물다

차례

## 박씨네 딸들

# 1

# '우리'라는 말

# '우리'라는 말

연말에 열리는 1박 2일 행사에 참여하기로 마음먹었던 계획에 차질이 생겼다. 하필 그날이 시아버지 추도일이고 다음날은 겨울 학기 개강일인 것이다. 그나마 시아버지 추도일 행사는 20여 년을 해마다 마음을 다해 준비한 공으로 탕감받는다고는 해도 여간해서는 결강하지 않는 내가, 그것도 개강 날 휴강한다는 것은 있을 수 없는 일이다. 그런데 다행히도 교육생들이 이구동성으로 연말이니 쉬자고 한다.

행사에 참석할 수 있겠구나, 싶었지만 이게 웬일인가. 행사 열흘 전에 그만 대상포진이라는 놈한테 사로잡히고 말았다. 말로만 듣던 그놈은 그야말로 악질이었다. 벌겋게 발진이 생긴 데가 신경을 따라 찌릿찌릿하는가 싶으면 쏙쏙 아리기도 하다가 시도 때도 없이 두들겨 맞은 듯 통증이 심했다. 컨디션도 좋았고 아픈 데도 없었는데 면역력이 바닥일 때 걸린다는 대상포진이란 놈이 왜 나한테 쳐들어왔는지 아무리 생각해 봐도 모르겠다.

수두 바이러스 균이 눈에 들어가면 실명할 수도 있고 뇌에 침투하면 뇌수막염을 일으키기도 하니 입원해야 한다고 일어나지도 않은 사례를 들어가며 후배는 호들갑을 떤다.

그러나 열흘 동안 열심히 항바이러스제를 복용하면 나을 것이고 행사에 갈 수 있을 것이라는 내 말에, 왜 그렇게까지 그 행사에 목을 매냐며 이해를 못 하겠단다.

글쎄, 나는 왜 굳이 그 행사에 가고 싶어 하는 것일까. 생각해 보니 소통 부재로 인한 극심한 스트레스를 겪었고 그 일로 인해 마음이 약해져 있던 것도 부인할 수 없는 사실이며 어떤 돌파구를 찾거나 지루한 일상에서 벗어나고 싶은 변덕일 수도 있었겠다.

1주일쯤 지나니 통증은 여전했지만 발진이 진정되어 가는 기미가 보이기 시작했고 나는 별 갈등 없이 행사장으로 떠났다. 꽤 이른 시간인데도 좌석은 이미 3분의 2가량이 차 있었지만, 어찌어찌 무대 중앙의 제일 앞자리에 앉을 수 있었다.

경험해 보지 않으면 좋은 게 좋은 줄 모르는 게 사람인가 보다. 너무 앞이라 고개가 아플 수도 있고 무대와 너무 가까워 좀 민망할 것이라고 지레짐작하며 꺼려졌지만 날 위해 자리를 만들어준 분이 고마워서라도 내색을 못 하고 다소 불편한 마음으로 그 자리에 앉았던 것이다.

리더십 트레이닝에 대한 강의가 시작되자마자, 뜻밖으로 나는 강사와 깊숙이 밀착되기 시작했다. 비교적 몰입을 잘하는 편이라 어느 자리에 있더라도 별 잡생각 없이 강의 내용을 숙지할 수 있다고 생각했던 건, 그러니까 오만이었다. 연속으로 진행되는 강의의 강사마다 내 눈을 마주치며 강의하는 것이다. 명강사는 그렇게 맨 앞줄에 있는 청중의 눈을 바라보고 강의하는 모양이다.

코앞에서 바라보는 그들은 때로는 이야기하듯, 때로는 질풍노도처럼, 아니면 마치 상처를 다독이는 듯했다. 내용은 물론 손짓 하나하나, 숨소리의 격정, 미세한 떨림까지, 이토록 소름 끼칠 정도로 강사와 내가 합치되는 경험은 처음이었고 참으로 강렬했다. 어처구니없지만 마치 나 하나를 위해 강의를 하는 듯했다. 강의 내용이 이해하기 쉽고 재미있어 스펀지가 물을 빨아들이는 것처럼 빨려 들어갔던 것이다.

밤 10시, 숙소로 돌아오자마자 소그룹 미팅이 기다리고 있다. 가볍게 한잔을 앞에 놓고 청강 소감이나 내면의 이야기를 풀어놓으며 화기애애하다. 저마다의 얘기에는 공식이 없다. 나처럼 이 자리에 오기 위해 '전우의 시체를 넘고 넘었다.'는 사람도 있고 삶의 어려움을 털어놓기도 하지만 대부분은 이루고자 하는 꿈을 말하거나 벅찬 가슴으로 미래의 포부에 대해 외치기도 한다. 강의가 확실히 효력을 발생하고 있나 보다. 새벽 2시쯤 자리에 누워 룸메

이트와 이런저런 얘기를 나누다가 새벽녘에야 슬그머니 잠이 들었다.

다음날, 아침 식사 후에 강의는 다시 시작되고 어느새 마지막 강의가 클라이맥스로 치닫는다. 강력한 메시지가 짤막짤막하게 울려 나왔다. 어제부터 강의를 들으며 점점 차올랐던 열정과 감동으로 인해 내 마음이 폭발할 준비가 되었다 해도 과언이 아니다. 역시 자기 분야에서 성공한 사람은 무엇이 달라도 달랐다. 내 안의 적인 게으름, 부정, 매너리즘, 교만, 불안의 씨앗을 잘라내야 한다고 주장한다.

그러나 정작 내가 감동한 장면은 마지막에 있다. 그는 '우리'라는 말을 하고 있었다. 나는 '너'와 '내'가 아닌 '우리'라는 말을 하며 살짝 강사의 목이 메는 모습을 보고 말았다. 앞자리가 아니면 도저히 눈치채지 못할 입술의 떨림까지를 보고 말았다. 강의는 끝났는데 정읍에서 온 친구의 눈에 눈물이 맺힌다.

내가 살기 위해서는 너를 딛고 올라서야 성공할 수 있는 시대에 살고 있는 우리. 그러나 너를 위하는 게 나를 위하는 일이라는 생각의 전환. 우리 모두의 꿈과 이상이 뭉쳤을 때 나오는 에너지가 폭발하며 나오는 감동의 물결이 퍼져나간다.

신은 참으로 짓궂은 데가 있다. 가만히 있으면 절대로 그냥 주지는 않는다. 도저히 도달할 수 없는 단계를 극복해내야만 찔끔, 아끼는 걸 주시니 말이다. 그러나 아쉽지는 않다. 그 찔끔, 찔끔이 쌓여 '나'는 조금씩 터득하며 풍요로워질 것이다.

'우리'라는 말이 아름답다. 너무도 아름다워 가슴이 아려오는 말, '우리'다.

2020.『나는 수필가다』 발표

# 더 늦기 전에, 그대여

## 1. 떠나고 싶었다

내가 아홉 살이 되었을 때 엄마 아빠가 쫓기듯 밀려들어온 도시. 쫄딱 망한 살림살이가 옹색해서인지 나는 이 도시가 처음부터 싫었다. 집은 덥거나 추웠고 풍경은 건조했다. 큰 신작로엔 먼지만 폴폴 날리는 게 당최 정이 붙질 않았다. 뜨겁지도 차지도, 싱겁지도 짜지도 않았던 도시. 부옇하게 가라앉을 것만 같던 이곳의 분위기는 나를 숨 막히게 했다.

회색빛 건물과 우중충한 얼굴을 가진 사람들 사이에서 사춘기가 지나고 스무 살이 되었다. 내 청춘이 남루해 희망과 절망 사이를 아슬아슬하게 줄타기하고 있었는지도 모른다. 점점 더 이 도시가 지긋지긋해졌다. 떠날 거라고 공공연히 떠들었고 스스로에게도 다짐하고 또 다짐했다.

나는 선민의식에 사로잡혀 있었다. 무슨 일이든 잘할 수 있을 거라고 자신했고 다른 사람과는 다르다고 믿었다. 나는 특별한 인생을 살 거라고 자신했다. 내일 보는 시험공부 대신 미리 계획해둔 공부를 했고 장르를 가리지 않고 닥치는 대로 책을 읽었다. 날마다 책 속의 세상에 빠져 살았다. 넓은 세상에 대한 동경과 삶에 대한 호기심 때문이었을 것이다. 또는 책 속에 길이 있을 거라고도. 내 또래 애들에겐 관심이 없었고 오직 내 자신에게만 충실했다.

인생은 아이러니하다. 이 도시에서 평생을 살아갈 줄 몰랐다. 떠나 보려 했었다. 그러나 몇 년을 넘기지 못하고 이곳으로 다시 돌아와야만 했다. 남자를 만나고 아이를 얻었다.

현실은 녹록하지 않았다. 이 도시 풍경에 갇혀 도시 냄새가 나는 우중충한 여자가 되어갔다. 회색 도시에 물든 채 속절없이 버거운 시간만 흘러갔다. 그나마 내가 할 수 있는 건 끊임없이 일탈을 꿈꾸는 것이었다. 이대로는 미래가 뻔했다. 오늘 같은 내일이 올 테니까. 이대로 주저앉아 버리기엔 인생이 너무 아깝지 않은가.

어디에서 살든 그게 무슨 상관인가라는 생각이 들기 시작한 건 서른이 넘어서였다.

어차피 인생은 살아지는 것이고 끝끝내 살아내야만 하는 것이라면 하고 싶은 것, 해야 할 것 말고, 잘하는 것이 아니라 하고 싶은 걸 해야겠다며 꿈을 꾸기 시작했다. 내가 서 있는 이곳에서 시작하자고, 내 손에 쉽게 잡힐 수 있는 일을 하자고 궁리하기 시작했던 것이다. 늦었다고 생각할 때가 가장 빠른 법이므로.

## 2. 꿈을 꾸어라

이루고 싶은 꿈이 있는가? 지금까지 해야 할 것을 하며 살아왔다면 이제부터라도 하고 싶은 것, 재미있는 일을 하며 살고 싶지 않은가? 평생 먹고 살기 위해, 또는 가족을 위해 일만 하고 살아온 그대여. 탐색하라, 자신이 행복해질 수 있는 일이 무엇인지.

책을 가까이하고 여행을 하며 앞서간 사람들의 경험담을 통해 답을 찾아라. 목표가 정해졌으면 몸과 마음을 그 방향으로 향하게 하라. 언젠가는 거길 향하여 한 걸음 떼어놓을 때가 올 것이니, 시도해라. 실패할 거라고 겁먹지 마라. 안 하는 것보다 실패하는 게 낫다. 좌절이 때론 감동을 주기도 하니까.

결정했으면 머리에서 손까지의 거리를 줄여라. 그리고 최선을 다해라. 긍정하고 낙관하라. 꿈이 후회를 덮게 하라. 후회가 꿈을 대신하는 순간부터 우리는 늙기 시작한다. 몸과 마음을 건강하게 하라. 아무리 이루고 싶은 꿈이 생겨도 아프면 꿈을 이룰 수 없으니 규칙적인 운동과 섭생을 잘하라. 그리고 자기 자신을 사랑하고 믿어라.

나는 내 자신에게 위와 같은 주문을 외고 외웠다.

그대는 멘토가 있는가. 복 많게도 내겐 인생의 멘토, 어진 스승이 많았다. 그중에도 초인 같았던 초등학교 선생님이 계셨다. 나는 미운 오리 새끼였다. 안으로 문을 꼭 잠근 채 쥐면 바스러질 것 같은 날개 젖은 새였다. 선생님은 그런 날 품어 문밖으로 끌어내 주신 분이다. 물을 먹이고 날개를 말려주며 혼신을 다하셨다.

"열심히 연습하라."

"너 자신에겐 혹독하되 남에겐 너그러워라."

"넌 특별한 사람이 될 수 있다."

나도 누군가에게 선생님처럼 되고 싶었다. 누군가의 희망이 되고 싶었다.

지금도 나는 나에게 묻는다.

"너는 누군가의 희망이 되고 있는가?"

## 3. 이루어지게 될 것이다

더 늦기 전에 그림을 그리며 살고 싶어졌다. 조금은 가난하게 살더라도 그림으로 밥을 벌어먹으며 살고 싶었다. 다행히도 근사한 스승을 만났다. 그림을 시작하기만 하면 금방 잘할 줄 알았다. 근거 없는 자신감은 하늘을 찔렀다. 그러나 말귀도 못 알아듣는 멍

텅구리라는 말을 귀가 따갑게 들어야 했다. 창피하지 않았다. 될 때까지 하면 되니까. 잘하는 남들과 나를 비교하지 않았다. 끝까지 하면 되니까. 내가 못한다고 혼날 때 천재라고 칭찬받던 친구들은 지금 그림을 그리지 않는다. 내가 옳았다.

하는 놈한테는 못 이기는 법이라는 스승의 말도 맞았다. 세 번째 개인전에서야 비로소 스승에게 내 그림 세계를 인정을 받았으니까. 그림 그린 지 20년 만의 일이다. 이만큼 살고 보니 말이 씨가 될 뿐 아니라 생각만으로도 이루어진다는 걸 알겠다. 그림 시작하고 2년쯤 되었을 때다. 막연히 몇 년 후에 그림 에세이집을 내는 것도 재미있겠다는 생각을 하고는 잊어버렸다. 그런데 우연히, 마흔아홉 살에 글로 등단하게 되고 화문집을 내게 되었는데 쉰일곱 봄이었다. 기억을 더듬어 보니 절실하지도 않은 소망이 불과 6개월 늦게 이루어진 것이다. 간절하지도 않았는데 말이다. 소름 끼칠 일이 아닌가.

나를 이끌어가는 건 보이지 않는 운명 같은 것, 신의 의도 같은 것인가 보다. 신은 한없이 자비로워 생각만 해도 이루어지게 하는 마력이 있다. 그렇다면 꿈을 꾸어야 하지 않겠는가. 이루어지기 어려운 꿈이라도 간절히 원하면 이루어지지 않겠는가.

보이지 않는 미래 때문에 우울했던 스무 살 때만 해도 내가 평생을 화가로 수필가로 살 줄 알았겠는가. 이공계 출신인 내가 막연히 그림 그리고 사는 것도 재미있겠다고 생각했던 건 고 2때 잠깐이었다. 서른이 넘어 문득 그 생각을 떠올렸고, 해보자고 시작한 후 10년쯤 지나면서부터 업이 되었다. 작품을 발표하고 그림 수업을 하며 산다.

그림을 시작하려니 그만둬야 될 상황이 끊임없이 일어났지만 나는 그 악조건을 이겨냈다. 계속할 수 없는 이유는 평생을 따라다니며 나를 흔들어댔다.

그러나 돌이켜보면 난 참으로 열정적으로 살았다. 그림은 내 삶의 우선순위였고 열병 같은 것이었다. 가족들은 내게서 내쳐졌고 나는 다른 건 안중에도 없이 그림만 바라봤다. 그러나 내가 선택한 삶이라고 해서 후회되지 않았다면 거짓말이다. 때 없이 후회하고 후회하였다. 그림이나 글이 내게 돈이 되는 도구가 될 수 없으니 다른 사람들의 길이 멋있어 보이기도 하고 부럽기도 하지 않았겠는가. 돈이 필요할 때마다 다른 일에 대한 미련이 날 괴롭혔다. 그 유혹에 넘어가지 않는 것이 가장 어려운 일이었다. 누군들 그 유혹에 넘어가지 않는 게 쉽겠는가. 예수라면 몰라도.

결정한 선택을 번복하지 않고 외골수로 나아간 내가, 생각해 보면 대견하다.

그래서 행복했냐고? 지금 만족하냐고? 대답은 하나다. 다시 그 시절로 돌아간다면 나는 같은 선택을 할 것이라고.

더 늦기 전에 그대여. 이루고 싶은 꿈이 있다면 꿈을 꾸어라. 당신의 열정으로 그 꿈이 이루어지게 될 것이다.

2018. 《제대군인》 (국가보훈처 발행)

# 비우고 기다리자,
# 고일 때까지

## 1. 비우는 시간

옛 어른 말씀이 그른 것 없다. 나이 먹을수록 세월은 쏜 화살처럼 빠르다는 걸 실감하는 요즘이다. 여름 내내 너무 더워 데쳐놓은 시금치처럼 축 처졌던 몸도 어느새 이는 서늘한 기운으로 생기를 얻지만, 그것도 잠깐이다.

가을날 햇빛이 점점 여위어 가고 바람 끝은 제법 칼칼해졌다. 치열하게 살아내 제 빛깔대로 익은 나뭇잎이 바람의 날갯짓에 삶의 여정을 맡기며 마지막 비상을 준비한다. 노랗게 흔들리며 익어가던 곡식을 거둬들인 넓은 들판은 텅 비어 바람 소리만 가득하다.

텅 빈 게 어디 옷을 벗어버린 나무와 허허로운 들판뿐이랴. 사람도 자연을 닮아간다.

한결 낮아진 기온에 살아있는 것들이 숨을 죽인다. 따끈한 차 한 잔을 들고 여린 햇빛 얇게 쟁여진 담벼락 등에 지고 키 작은 나무 의자에 무릎을 구부리고 앉아본다. 땅에 붙을 듯 낮은 자세가 편안하다. 내 손엔 책도 들려있지 않고 그저 멍하니 시간을 흘려보낸다. 지나가는 행인을 본 것 같기도 하고 건너편 나무에 아직 매달린 몇 개의 잎사귀를 보기도 했겠지만 기억에 없다. 기억에 없으니 마음에 새겨진 게 없다. 뭔가 눈에 들어오는 대로 보이기는 했지만 마음으로 보지는 않았던 것이다. 납작하고 작은 의자에 웅크리고 앉을 때부터 나는 이미 시간을 죽이기로 마음먹었다. 야위어서 더 포근한 햇살은 그저 생각 없이 앉아 있는 나를 슬며시 과거 한때로 돌아가게 하기도 한다.

어렸을 때다. 네 살쯤 되었을까. 단풍이 예쁘게 물든 가을 저녁 나절이었다. 젊고 댄디한 아버지는 큰딸인 나를 데리고 다가산 숲 속으로 산책하듯 천천히 걸었던 기억이 난다. 역광으로 반짝거리던 나뭇잎에 눈이 부시고 우거진 숲길은 어두워 조금은 무섭기도 했다. 그렇게 걸어가다가 낮은 구릉 잔디 위 울타리도 없이 유럽풍의 집 한 채가 나타나고 그 집에서 키가 겁나게 크고 구렛나루 수염이 노란 도깨비 같은 이방인이 나오더니 큰소리로 알아들을 수 없는 말을 하며 나를 번쩍 안아 올렸다. 턱수염이 껄끄럽기도 하고 무서워 엉엉 울어도 아버지는 웃기만 해서 서러웠었다. 아마도 그때가 가을 숲, 그 아름답고 미묘한 색감이 처음으로 내 안에 들어와 박히기 시작할 때가 아닌가 싶다. 그 추억을 공유할 아버지는 이미 내 곁에 없다.

잠깐인 듯싶은데 벌써 황혼이다. 한해 한해 지날수록 다 떨구고 비우는 자연은 더욱 아름다운데 지는 해는 이렇게 점점 짧아진다.

## 2. 노老, 노경老境

청춘은 미래를 그리고 노년은 과거를 추억하며 산다더니 이런 저런 생각으로 머리가 어지럽다. 2, 3년 전만 하더라도 자전소설을 쓰겠다며 호기롭게 말씀하시던 90세 스승이 절필 선언을 했다. 사람이 늙으면 글도 늙는다는 것이다. 늙은 글 말고 숙성시켜 농익은 글을 쓰면 되지 않느냐고, 소설가가 소설을 안 쓰면 사는 게 아니고 다만 죽지 않은 거라고 불경을 저지르며 우겨도 스승은 단호하셨다. 소설뿐 아니라 간단한 잡문이나 청탁원고도 거절하셨다. 비문을 쓰느니 안 쓰는 게 옳다는 그분의 말이 맞을지도 모르겠지만 나는 그런 스승을 생각하며 아프다.

겉으로 보이는 스승의 일상은 고요했다. 그분의 속내를 감히 짐작조차 할 수 없다. 만나는 이도 거의 없고 동선은 간단하다. 하루 한 번 입원한 부인을 보러 요양병원에 다녀오는 일 말고는 스스로를 집안에 가둬놓고 계신 듯하다. 키 큰 활엽수 몇 그루가 서 있어 제법 숲 냄새가 나는 카페 '단'에서 만나 커피 한 잔 마시고 우리는 간단하게 헤어진다. 쓸쓸하다.

중학교 때 국어 선생이셨던 스승은 그때 내게 '글 써라, 문예반에 들어와라, 이것 해라, 저것 해라.' 많은 것을 요구하셨으나 나는 죽어라 하고 말을 안 듣고 나 하고 싶은 짓만 했었다. 지금에 와서야 나는 선생님 말씀대로 할 걸, 이라고 후회하고 스승은 괜찮다며 또 의견이 엇갈린다. 이제는 '하루 30분은 산책을 하셔라, 혼자만 계시지 말고 볼 일이 없어도 밖에 나와 다른 이와 만나라.'고 내가 스승께 이것저것 주문해도 별로 귀담아 듣지 않으신다. 옛날 내가 그랬던 것처럼. 하긴 공기가 워낙 나쁘니 마스크를 한다 한들 밖에 나다니는 일이 특히 노인에겐 삼가야 할지 모르는 일이긴 하다. 어느 게 좋고 어느 게 안 좋은 일인지 실은 잘 모를 때가 많은 법이니, 나도 슬그머니 꼬리를 내리며 모른 척한다.

이래도 좋고 저래도 좋다고 하신다. 참으로 물처럼 담담하다.

'기욕嗜慾이 식어지고 총명聰明이 눈을 뜬 경지, 즉 물처럼 담담하고 무심한 태도가 노경老境'이라면 스승은 이미 몸과 마음이 노경의 경지에 다다랐나 보다. 90년쯤 살다 보면 나도 노경에 들어갈 수 있으려나.

## 3. 비워야 채워진다

가슴앓이를 하는 동안 시간은 흘러 2월이다. 눈보라 속에서도 매화는 벌써 꽃망울을 터트렸다. 그 사이 몇 명의 지인을 영결하고 새 생명을 맞이했다. 오랜만에, 참 오랜만에 우러러 하늘을 본다. 미세먼지로 늘 찌뿌둥하던 하늘이 모처럼 파랗다. 겨우내 알몸으로 모진 풍파를 맞았던 나무는 서서히 물이 오르며 기지개를 켠다.

초등학교 때까지는 우물물을 먹었다. 어른 팔로 열 발이 넘는 우물은 너무 깊어 들여다보고 있노라면 시커먼 아가리를 벌리고 마치 나를 빨아들이기라도 할 듯싶어 몸을 부르르 떨며 얼른 고개를 돌리곤 했다. 1년에 한 번씩 우물 청소를 하려고 물을 다 퍼내면 우물은 비로소 그 끝을 보이며 별로 깊지도 않은 바닥을 드러냈다. 장정 두어 명이 줄사다리를 타고 내려가 구석구석 박박 문지르고 박힌 돌 사이 돋아난 이끼를 긁어내며 씻어내는 동안 개구리가 팔딱 뛰어오르기도 했다. 그렇게 말끔히 때 벗은 우물은 뚜껑을 덮고 하룻동안 단잠을 자는 사이 새 옷으로 갈아입고 맑은 물로 차올랐다. 어른들은 두레박을 첨벙 던져 첫 우물물을 길어 올렸다.

퍼내야 맑음이 고이는 것이다. 다 떨궈 빈 겨울을 지나고 이듬해 다시 피어나는 연둣빛 잎사귀처럼. 텅 비었던 들판이 푸르른 벼로 일렁이는 것처럼. 연밭의 말라비틀어진 갈색의 연 줄기가 제 사명을 다하고 공중에 매달려 있다가 풍화되고 나면 이듬해 다시 초록의 싱싱한 연 줄기를 밀어올리듯이. 그 끝에 환한 연꽃을 피우듯이. 그 꽃이 진 자리에 연밥이 맺히듯이.

고이지도 않았는데 퍼내는 짓은 무용하다. 건조한 가슴에서 촉촉한 게 나오겠는가. 겉으로 봐서 움직이지 않는 듯해도 가만히 있는 것은 아니다. 내면에서 용틀임하고 있음을 모를 뿐이지.

하기 싫으면 다 비우고 기다리자. 고일 때까지. 마음속 밑바닥에 뭔가 끓어오를 때까지. 끓어올라 넘칠 때까지. 그때 그 '무엇'을 퍼내면 그 '무엇'이 되는 것이다.

삶을 다한 사람은 죽고 살아야 할 사람이 태어난다. 그게 사람의 '역사'고 자연의 '역사'다. 그 '역사'의 너무 작아 보이지도 않는 점 하나를 '나'는 오늘도 이어가고 있다.

노경老境, 기욕嗜慾이 식어지고 물처럼 담담한 상태에 다다르고자 한다. 오래되어 낡은 게 아니고 경륜이 농익어 지혜로운 어른이 되고 싶다. 얄팍한 욕심은 내려놓아 격이 있고 총명이 눈을 뜬 경지, 노경이야말로 비움과 채움의 미학이다. 참, 생각만 해도 좋다.

2019. 《제대군인》(국가보훈처 발행)

# 사는 게 기도다

병원에 간 사람이 나지막한 목소리로 전화를 했다. 검사 결과, 암 수치가 높다고 조직검사를 하라고 했단다.

"암 아냐. 염증일 거야. 그러니 조금도 걱정하지 말고 검사받아요." 큰소리 빵빵 쳤다.

이틀 후 내 개인전 오픈 식이 있을 예정이었다. 아무리 걱정하지 말라고 큰소리 빵빵 쳤어도 어찌 걱정이 안 되겠는가. 남의 정신으로 개인전 오픈 식에 뒤풀이까지 하느라 오밤중에야 집에 들어왔으니 자기 몸 아니라고, 해도 너무 한다고 했을 법. 어쨌든 그는 하던 대로 그의 일을 해내고 나는 내 일을 했다. 그런 다음 주초에 나온 결과는 근거 없이 큰소리쳤던 내 말대로 심한 염증이었지만 그때부터 십 년째, 병은 병을 낳고 키우는 것인지, 안 아픈 데보다 아픈 데가 더 많은 것 같은 몸이다. 먹는 약이 식전부터 끼니마다 한 보따리다.

저염식에 칼륨과 인의 섭취를 제한해야 하니 과연 내가 잘하고 있는지, 섭생을 잘못 시켜 병이 깊어지는 건 아닌지, 하지만 어쩌겠는가. 걱정은 하지 않기로 했다.

우리가 할 수 있는 것만 최선을 다하고 신의 영역은 신께 맡기자고 했다. 그에게, 내 자신에게.

죽을 때 죽더라도 영혼에 병이 들지 않기를. 몸이 좋지 않으니 아무것도 아닌 것에 울화가 치밀어오기도 하고 말하기 싫을 때는 남이 친절하게 구는 것도 귀찮을 것이니 아픈 사람이 상전이다. 내 잘난 맛에 살던 나는 늙기도 서럽거늘, 은퇴할 나이도 되기 전에 상전을 모시는 신세가 되었다. 언제 상전을 모셔봤어야 종의 처신을 알 게 아닌가. 게다가 상전이 벌지 못하고 써야만 하니 없던 재산이 그나마 거덜이 났다. 서서히 망하려거든 자식 유학 보내고 한꺼번에 망하려거든 선거에 출마하라는데, 유학자금에 선거까지 치른 우리는 한술 더 떠 우환까지 떠안고 있으니 남아나는 게 있겠는가.

아픈 사람에게 병원비 걱정까지 하게 할 순 없어 생전 안 해본 장사를 한답시고 장을 벌여놓았다. 자고 일어나면 밥해 먹고 빨래하고 가게에 나갔다 돌아와 이런저런 일상의 얘기를 하고 잠이 들었다. 차도 안 다니고 사람도 안 다니는 언덕배기 새 건물에 들인 가게에 앉아 종일 오지 않는 손님을 기다리며 책을 읽다가 붓을 잡다가 날이 어두워지면 더 어두운 그늘이 깃든 집으로 돌아온다. 돈이 벌리는지 어쩐지 계산도 못 하지만 그럭저럭 괜찮다고 생각했다.

그런데 그렇게 생각한 건 정신이었던가 보다. 정신을 담는 그릇이 영 부실하다. 몸 상태가 점점 수상쩍어진다. 두통에 비위도 상하고 자꾸만 덥다. 위경련이 심하더니 요즘은 아예 파업을 했는지 무력증으로 위가 그득하여 어지럽다. 한 사람은 더워죽겠는데 한 사람은 춥다고 문을 닫는다. 아침밥상을 차려주고 기진해 한참씩 누워있어야 할 정도다. 왜 밥을 먹지 않느냐는 소리에 좀 쉬었다 먹겠다는 대답을 하기도 짜증이 난다.

영 기력이 없으니 아픈 사람의 입장이 헤아려지기 시작했다. 미루어 짐작했던 건 그러니까, 아는 게 아니었다. 아파 보니 이해가 되었고 이해가 되니 미안했다. 그가 상전 노릇을 한 게 아니었다. 역지사지다.

한의사 동생이 무조건 쉬라며 보약을 지어줬다. 만병통치약이던 동생의 보약도 이번에는 별 효험이 없다.

그때였다. 우연히 베란다에 처박혀 있던 소엽 풍란 석부작으로 눈이 갔는데 언제 물을 주고 까맣게 잊고 있었는지, 다섯 대나 올라오던 꽃대가 갈색으로 말라비틀어져 있는 것이다. 이런, 이런, 죄로 가겠네. 얼마나 목이 말랐으면 저리 되었을까. 내 몸 건사하기 힘들다고 멀쩡한 생물을 죽이다니, 급하게 물을 흠뻑 준 다음

거실 문갑 위에 올려놓았다. 꽃대를 잘라버릴까 하다가, 자르는 게 뭐가 급할까 싶어 하루 이틀 더 두고 보기로 했다. 누렇게 마른 꽃대가 마치 우리 가족 같았다. 까닥하기도 싫은 몸을 움직여 아침저녁 분무기로 물을 흠뻑 뿌려주며 상처를 딛고 어서 피어나라고, 아픔을 딛고 일어나라고 주문을 외웠다. 마치 꽃이 피면 환자가 완쾌될 듯 마음을 쏟았다. 그렇게 마음먹어지는 것은 미신도 아니고 엉뚱한 신념도 아니었다. 그것은 기도였다. 물을 주는 것도, 시들지 말고 싱싱하게 피어나라고 외던 주문도, 그렇게 마음 쓰이는 것도, 그저 바라보아 주는 것도 기도였다.

그런데 이게 웬일인가. 말라 들던 꽃대가 날마다 쑥쑥 자라나며 색이 엷어지더니 하얀색의 꽃망울을 터트리지 않는가. 죽어가던 꽃대에서 꽃이 피어나다니, 맑은 향이 칙칙한 집안의 공기를 내몰았다. 기적이다. 그냥 꽃이 아니었다. 상처를 딛고 일어선 꽃이었다. 죽음을 극복한, 그것은 순백의 환희였다. 기도가 이루어지고 있었다.

아, 벗어날 수 있겠구나, 우리는.

이 꽃처럼 환희의 절정이 오기도 하겠구나. 그렇게 우리 집 소엽풍란은 우리에게 희망과 위로를 심어주고 만개한 다음 막을 내렸다.

힘을 내서 나는 다시 밥하고 빨래하고 얘기를 나눈다. 그리고 잠을 잔다. 밥하고 빨래하고 얘기를 나누고 잠자는 것, 그리고 그저 바라보아 주는 것, 그것이 나의 기도다. 사는 게 기도고 예배다.

풍란은 내년에도 어김없이 꽃을 피울 것이다.

# 탁구를 치며

"응, 미서야."

선희 언니는 참 다정도 하다. 불러주는 내 이름에 정이 뚝뚝 묻어난다. 누가 나를 이 나이에 그렇게 다습게 불러줄 것인가. 나는 금방 마음이 안온해진다. 지금 출발한다는 말에 어서 오란다.

일주일에 서너 번씩 아침마다 언니네 아파트 관리실 건물에 있는 탁구실에서 탁구를 친 지 몇 개월째다.

중 2때 우리 반 대표 탁구선수였다고 내가 큰소리를 치니 의경 언니 왈, "나는 우리 학교 대표선수였다."고 입에 거품을 문다. 체, 나는 졸지에 찍소리도 못하고 쏙 들어가야 했다.

다들 학교 다닐 때 치고 지금에야 치는 탁구 폼을 볼라치면 꼭 자기 성질대로 치는 게 우습기도 하고, 그러니 어떻게 그 성질머리를 고칠 수 있을 거냐며 고개를 끄덕거리기도 한다.

속이 무던하고 느릿한 향정은 탁구대에서 멀리 떨어져 치는 수비형이다. 폼이 크고 드라이브가 일품이다. 한번 걸리면 받아내기 쉽지 않다. 꼭 속 넓은 남자가 치는 것 같다. 나의 강적이다. 자타가 인정하는 소문난 멋쟁이 선온 언니는 커트의 여왕이다. 게임의 고수다. 지게 되면 숨겨놓은 발톱을 드러낸다. 강서브로 승부를 거는 것이다. 기면 기고 아니면 아닌 정의파 의경 언니는 무조건 갈기고 본다. 시원시원하고 속전속결이다. 늘 긍정적이고 배려심이 많은 선희 언니는 누구하고라도 잘 맞춰 치는 공격적이고 수비도 잘하는 올라운드 플레이어다. 그래서 누구나 선희 언니하고 치면 자기의 기량을 충분히 발휘한다. 성질 급한 나는 탁구대에 붙어 상대가 미처 자세를 잡기 전 반 박자 빨리 쳐내는 게 특기라면 특기다.

그러나 다들 몇십 년 만에 치는 거라 치는 거보다 공 주우러 다니느라 바쁘다. 쪼그마한 게 여간 심부름을 시키는 게 아니다. 가벼웁디가벼운 거라고 깔보면 큰 코 다친다. 구르기도 잘 구르고 못 가는 데가 없다. 지하실 벽 쪽으로 길게 놓인 철망에 부딪치면 이리 튀고 저리 튀어, 튀는 대로 쫓아다니느라 쩔쩔매기도 한다. 그런가 하면 라켓에 구멍 났는지 두 눈 뻔히 뜨고 헛손질하기도 하고 중학교 때도 백스윙을 못 하더니 여전히 받아내지 못해 왼손으로 잡아채는 게 나을 정도다. 하긴 살아가면서 탁구공이 아니라도 만만한 게 무어 있을까.

수십 년 만에 치는 탁구 실력은 형편 없지만 몸이 기억하는 반사적 행동은 생각지도 않게 방어가 공격이 되기도 하고 절묘한 스매싱에 칭찬과 웃음소리가 끊어지지 않는다.

그 시간에 일 없는 사람끼리 두세 명씩 모여 치지만 모두 모일 때는 복식 게임을 하며 운동한다기보다는 논다. 이럴 때 성격대로 별 웃기는 얘기가 다 나오며 박장대소를 하기도 하고 공이 좀 높게 날아오는 듯싶으면 "부숴 버려!"라고 벽력같은 소리를 질러대 유행어가 되기도 한다. 우리가 언제 누구를, 아니 무엇을 이렇게 냅다 후려쳐볼 수가 있었겠는가. 있는 힘껏 때려 부수듯 갈겨볼 수 있을 것인가. 확, 갈기고 나면 그야말로 십 년 묵은 체증이 내려갈 듯 속이 뻥 뚫린다. 통쾌하다. 그런가 하면 있는 힘껏 후려쳤는데 헛손질하여 헛심이 팽기기도 한다.

누구하고 편을 가르든 실력이 거기서 거기라 스코어도 엇비슷해 이기든 지든 열 받을 일도 없이 즐겁다.

선희 언니가 몇 년 전에 탁구장에서 어떤 영감님하고 탁구를 치기 시작했는데 공을 좌우 깊숙이 찌르곤 했다고 한다. 그 영감님이 화가 단단히 나서 '교양 없이 치면 되겠냐?'고 혼내고는 가버리셨단다. "그걸 마음대로 할 수 있으면 선수지, 내가 자기하고 치고 있겠냐?"고 언니는 뒤늦게 우리에게 항변한다.

그런 공이 들어와 못 받으면 그 영감님 심정이 이해가 되기도 한다, 어쩐다 하면서 우리는 또 깔깔대고 웃는다. 그렇게 한바탕 웃고 나면 한나절이다.

그렇게 우리는 청소년기로 돌아가 그 시절의 방식대로, 그 시절의 생각으로 탁구를 치는 것이다. 한두 시간씩 몸을 움직이며 마음에 활발한 에너지를 충전시키는 게 우리의 운동방식이다.

2.74m의 길이와 1.52m 넓이의 상판 위를 무대로 우리 각자는 2.5그램의 공을 맘껏 날아다니게 하는 기획자이고 감독이며 연주가며 선수다. 마음먹은 대로 안 된다 한들 속상할 일도 없고 어쩌다 신나게 잘 쳐진다 한들 그 자리를 벗어나면 곧 잊어버리고 마는 즐거움이니 참으로 간단하다.

생각해 보면 별 노력도 안 하고 그저 몸 가는 대로 편하게 치는 탁구도 언젠가는 못 치게 될지 모를 일이다. 그저 칠 수 있을 때 고맙고 즐거운 마음으로 신나게 치며 놀면 그뿐.

어느덧 탁구를 치며 계절이 바뀌어 간다. 이제 소슬바람이 옷깃을 후벼 파는 늦가을이다. 생각이 많아지는 계절이다.

# 운동장에서

## 1. 맨발로 걷기

5월로 접어들었다. 우울한 마음이 병을 만드는지, 계절은 빛나고 있는데 멀쩡하던 내 몸이 여기저기 고장 나기 시작했다.

갑자기 이석증으로 일주일을 고생한 후에는 잇몸이 아리기 시작했다. 치과를 가야 되나, 하고 있는데 후배 시인이 한의원을 가자고 한다. 조선시대도 아니고 이가 아픈데 한의원을 가자고? 조금은 웃기는 얘기였지만 솔직히 말하면 나는 귀가 얇아 믿을 만한 사람의 말은 잘 듣는 편이다. 주춤주춤 따라갔더니 한의원 원장 하시는 말씀, "3일 안에 말끔히 낫게 해주면 호떡 사줄래요?"

"그깟 호떡 하나 못 사드리겠어요?"라며 받은 처방이 나무 지압

봉으로 아픈 곳을 지긋하게 누르라는 것이다. 놀랍게도 3일 만에 염증은 거짓말처럼 나았고 나는 기분 좋은 마음으로 호떡(?)을 사 드려야만 했다. 염증이 가라앉자마자 이번에는 멀쩡하던 무릎이 시큰거려 나는 또 한의원을 들락거렸고 침을 맞아 무릎이 어지간해지면 갑자기 체기가 생기거나 두통이 생겨 잘못하면 한의원 단골 환자가 될 듯싶을 만큼 어느결에 한의원을 의지하고 있었다.

그러던 어느 날, 강 원장은 맨발 걷기 동호회를 만든다며 같이 하자는 것이다. 대체 어디를 마음 놓고 맨발로 걸을 수 있다는 말인가, 유리 조각이나 뾰족한 것에 찔릴 수도 있고 흙이 오염되었을 수도 있는데 맨발로 걸으라니 말도 안 되는 소리라며 듣는 척도 안 했다.

너무 걱정할 필요 없다며 건강이 좋아지는 것은 틀림없는 사실이란다. 돌아와 검색해 보니 대체로 긍정적인 반응이다. 그러고 보니 한 십여 년 전에 계족산 맨발 등산했던 추억이 떠올랐다. 그렇다면 망설일 것 없지. 혼자라도 바로 시작해 보자 싶어, 집 근처 공원 운동장으로 나가 구석에 운동화를 벗어놓고 맨발로 걷기 시작했다.

신발은 발을 보호하기도 하지만 구속하기도 하는 장치이다. 그런 걸 벗으니 우선은 시원했고 다음엔 시멘트만큼이나 딱딱한 땅 위에 깔린 모래가 마치 자잘한 유리조각을 뿌려놓은 것처럼 발바닥을 찌른다. 이런 데를 어떻게 걷는다는 말인가 싶었지만 걷는 사람들이 있으니 걸으라는 게 아닌가. 조금이라도 말랑한 땅을 골라 아픈 걸 참으며 걸어야 했다. 며칠이 지나자 맨발이 더욱 자유로워졌고 그렇게도 딱딱하고 날카로웠던 운동장 바닥을 걸으면 속이 시원해지기까지 하는 것이다.

운동장은 대체로 말끔하고 관리가 잘되어 있었다. 이른 저녁 식사 후라 넓은 운동장엔 한두 명이 돌고 있었고 어쩌다 개를 데리고 뛰어다니는 사람이 있을 뿐, 어두워지면 무서울 정도로 한적했다. 그러나 넓은 운동장에 부는 바람이 싱그러웠고 매일 보는 하늘이 매일 달랐다. 구름은 흐르며 시시각각으로 새로운 구도를 만들어 내고 초저녁 눈썹달이 점점 살이 차오르는 걸 보기도 했다. 이렇게 날마다 넓은 하늘을 우러러본 적이 언제였던가.

하늘만 달라지는 게 아니다. 숲도 매일 다르고 바람결도 매일 다르다. 어떤 날은 가랑비가 내리기도 하고 또 하루는 날이 너무 더워 푹푹 찌기도 한다. 어느새 배롱나무가 붉은 꽃을 피웠다. 여름 내내 필 것이다.

그렇게 한 달이 지나자 매일 만나는 사람과 눈인사를 하게 되고 오다가다 말도 한두 마디 나눌 수 있게 되었다.

50대라는 아직 이름도 모르는 여인은 교통사고를 당한 후, 병원에선 더 이상 치료할 게 없다는데 다리에 힘이 없어 매일 아침저녁으로 걷는다고 했다. 다치기 전에는 전문직에 종사했음 직한, 범상치 않아 보이는 그녀의 얼굴은 비록 마스크로 가려졌지만 뛰어난 미모를 지녔다. 그런 그녀는 다리에 힘이 없어 평지를 끌 듯이 걷는다. 그녀의 남편은 매일 동행하여 공원 둘레길을 걷거나 운동 기구로 운동하다가도 부인의 걷기가 끝나는 시간을 어떻게 아는지, 틀림없이 운동장에 나타난다. 함께 귀가하는 모습을 보면 나도 덩달아 기분이 좋아진다. 그 부부는 나랑 같은 아파트의 401호에 산다고 했다. 어서 말끔히 회복되어 뛰어다니길 빌어본다. 어쩌다 한 바퀴쯤은 천천히 보조를 맞추며 이야기를 한다. 서울 살다가 작년 말에 이 공원이 가까이에 있는 우리 아파트로 이사를 왔단다. 조금씩 뿌리를 내리며 잘 정착해 나가고 있는 듯싶다.

주말이면 외국인 노동자들이 공을 찰 때도 있다. 그러면 걷는 이들은 알아서 반대편 방향을 왔다 갔다 하기도 하고 때로는 배드민턴을 치는 사람들이나 강아지 운동을 시키러 나온 사람들도 있지만 부딪히는 일은 없이 조금씩 양보하면서 각자의 운동을 즐긴다. 내가 걷기를 끝낼 무렵, 젊고 덩치가 큰 남자가 운동장에 들어와 운동화를 벗어놓고 성큼성큼 걷기 시작한다. 그러면 오늘도 나는 그에게 운동장을 인계하고 신발을 신는다. 신발을 신은 발이 낯설다.

## 2. 시선을 낮추면

운동장에 나간 첫날이었다. 자그마한 키에 빼빼한 모습의 남자가 맨발로 발뒤꿈치를 들고 운동장을 가로질러 대각선으로 왕복하는 모습을 발견하고는 내심 반가웠다. 우리는 매일 같은 시간에 그는 대각선으로 나는 사각으로 걸었다. 일주일이 지나자 속도가 빨라지고 다섯 바퀴만 돌아도 힘들더니 일곱 바퀴는 거뜬히 돌 수 있게 될 즈음, 그가 내게 말을 걸어왔다. 맨발로 일 년을 걸었다고 했다. 건강해졌냐니, 걸어 보면 안단다. 그 후로는 가끔 걷는 방법에 대해 말해주기도 하고 비 오는 날 모래가 젖어있을 때가 더 좋다고도 해서 비 오면 가지 말까 하다가도 우산을 쓰고 걷게 된 데에는 그 사람의 덕이 아주 없다고 할 수는 없겠다.

한 달쯤 지나니 표나게 좋아진 점은 모르겠지만 걷는 시간이 되면 맨발의 감촉이 떠오르며 나도 모르게 서둘러 운동장으로 향하게 되고 도착하자마자 신발을 벗어 던지고 딱딱하거나 축축한 모래의 감촉을 느끼며 걸으면 기분이 좋아진다. 물론 집에 돌아와 앉았다가 일어나려면 걷기 후유증으로 에고고고, 곡소리를 내며 쩔뚝거리며 걸어야 했다. 그렇더라도 서너 달 계속하면 근육은 풀릴 것이다.

강 원장은 동호회를 만들어 매주 토요일 오후에 회원들과 배산 둘레길을 걷는다. 어지간한 환자는 치료하는 게 아니라 맨발로 걸으면 낫는다고 흙길로 내모니, 단골 환자가 많이 줄어들어 밥 벌어 먹기 힘드시겠다.

두 달이 다 되어 삼복이다. 그날도 나는 운동장으로 들어서서 신발부터 벗어들고 벤치로 향하는데 그 남자가 낮에 달궈진 운동장 한가운데에 웃통을 벗고 벌렁 누워있는 것이다. 민망하기도 해서 시선을 돌리고는 안 본 척했다. 401호 여인이 내게 그 남자가 무슨 운동을 하는 것 같다며 클래식을 틀어놓고 듣는다고도 하고 때로는 기둥에 기대어 의자에 앉은 것처럼 앉아, 기도를 하는 것 같다고도 수군거렸다. 아닌 게 아니라 그랬던 것 같기도 했다. 걸을 때도 발뒤꿈치를 들고 엉거주춤 걷기도 하다가 기역 자로 무릎을 세워 겅중겅중 걷기도 하다가 빨리 걷기도 하고 뒤로 걷기도 하는데 나름의 이론이 세워져 있는 듯했다.

오늘도 그 사람은 운동장 한가운데에 맨몸으로 벌렁 누워, 스트레칭을 하기도 하고 세상 가장 편안한 자세를 하고는 벌써 40분째 누워있다. 이제 그런 그를 나는 아무렇지도 않게 바라 본다.

까마득한 옛날이다.

선배 언니와 후배랑 무료한 여름방학 동안 작당을 해 일탈을 꿈꿨다.

홍도를 가려고 목포역에 내려 배를 타러 항구에 다다랐는데 다 저녁때가 되었다.

홍도행 배는 이미 끊긴 후였다. 다음날 오전에나 배가 떠난다는 것이다. 우리는 머리가 새하얘졌다. 당시로는 여학생들끼리 여관이나 여인숙에 들어간다는 것은 상상할 수도 없는 일이었다. 근처에 민박집이 있을 리도 없었고 빠듯한 지출 계획에 그날의 숙박비도 당연히 없었다. 날은 점점 어두워지고 나는 결단을 내려야 했다. 마침 근처에서 제법 깨끗한 종이박스를 구해 와 넓은 광장의 시멘트 바닥에 펴놓으며 일행들에게 보란 듯 배낭을 베고 벌렁 누웠다. 아는 사람도 없는 객지인데 어떠랴. 누우니 눈 가득 하늘이 펼쳐져 보이고 생각보다 편안했다. 하늘이 이렇게 넓어 보이는지 몰랐다. 다른 선택이 없었으므로 선배와 후배도 내 옆에 누웠다. 우리가 누운 옆으로 사람들이 한둘 지나다녔다. 그럼에도 불구하고 정말이지 아무렇지도 않게 편안했다. 노숙자들이 이해되기 시작했다. 서서 바라보는 사람들은 도저히 이해할 수 없을 것이다. 시야를 낮추니 하늘이 다 내 것이었다. 날은 점점 어두워지고 별이 내 눈에 쏟아지듯 반짝거렸다. 한두 시간 설풋 잠이 들었을지도 모른다. 어쨌든 그날의 그 뜻밖의 색다른 느낌은 내게 아주 편안하고 안락하게 자리 잡고 있다.

다음날 우리는 홍도에 갔다가 왔지만, 이상하게도 그 여정은 별로 기억에 없고 목포항에서의 노숙은 심심찮게 내 기억창고에 깊게 자리 잡고 있다가 불쑥불쑥 튀어나오는 것이다.

운동장에 벌렁 누워있는 그 남자도 내가 모르는 자유와 평안를 누리리라.

시선을 낮추면 못 보던 것이 보인다.

낮은 자리에 있어 본 사람만이 알 수 있다.

# 무주를 가며

모처럼 일이 있어 서울 갔다가 돌아오는 길에 오래 연락이 끊어졌던 친구로부터 전화가 왔다. 무주에 스키 타러 왔다며 오라는 것이다. 자기 남편이 초대한 스키 친구를 통해 우연히 내 이야기가 나왔단다. 집에 도착하자마자 패딩 점퍼로 갈아입고 차를 몰았다. 무주로 가는 길은 많이 변했다. 오늘 밤 나는 친구를 만나고 그냥 되돌아올 것이다.

무주에 스키장이 들어선 그 이듬해였다.

교통사고를 당해 꼼짝없이 자리보전을 하고 있는 나를 마치 약 올리기로 작정이라도 한 듯 부자가 날이면 날마다 물 만난 물고기 마냥 스키를 타러 다녔다. 마누라 속이 뒤집어지거나 말거나 아주

신났다. 철딱서니 없기로는 아빠나 아들이나 똑같았다.

부글부글 끓어도 참을 수밖에 없었다. 누가 설레발치고 돌아다니다 그런 일 당하라고 했냐면 할 말이 없기 때문이다.

그렇게 그 겨울을 보내고 다음 해 겨울, 3박 4일 일정으로 리조트를 예약하고 온 가족이 무주로 향했다. 리조트로 들어서니 군데군데 들어앉은 이국적인 건물과 설원 풍경이 하도 예뻐 마치 유럽의 어느 나라에 겨울여행이라도 온 것처럼 마음이 들떴다.

다음날 아침, 준비해온 재료로 이것저것 요물조물 무치고 지져서 차려준 밥상을, 남편과 아들은 후다닥 해치우더니 여기서는 각자 알아서 놀아야 한다며 딸아이와 나만 남겨놓고 나가버린다. 어이가 없었지만 그렇다고 방구석에만 틀어박혀 베란다 너머로 보이는 설원의 스키어들이나 바라보고 있을 수만은 없잖은가 말이다.

어정쩡한 모습으로 밖으로 나왔지만 갈 곳을 모르기는 매일반이었다. 스키를 메고 다니는 사람들 속에서 누가 보더라도 어설퍼 보이는 우리는 여기저기 기웃거리며 상점 구경을 하고 군것질도 해봤지만 영 재미가 없다. 까짓것, 우리도 배워 보자며 스키를 빌려 속성 스키학교를 찾아갔다.

그러나 코치 코앞도 못 가 균형을 잃고 미끄러지며 넘어지기 일쑤였다. 모녀가 줄줄이 넘어지니 창피한 건 둘째치고 대체 어떻게 하란 말인지 알아먹을 수가 없으니 눈 위를 사르르 미끄러져 내리기는 아예 글렀다. 말귀도 못 알아듣는 판에 어느 세월에 슬로프를 타고 내려올 수 있단 말인가.

답답하던 차에 어디선가 남편이 나타났다. 실컷 타다 우리가 뭘, 어떻게 하고 있는지 궁금해진 거다. 무조건 초보자 코스로 데리고 올라가 따라다녀 달라고 남편에게 주문했다. 나는 내가 잘 안다. 말귀를 못 알아들으면 수족이 말을 안 듣는 나를 말이다.

그때까지도 사고 후유증으로 허리를 못 구부리니 넘어질 때마다 나를 일으켜 세워줄 사람이 필요했던 것이다. 수도 없이 넘어질 텐데 스키를 풀고 일어서서 다시 채우는 짓을 일일이 어떻게 하겠는가. 리프트를 내리자마자 엉덩방아를 찧는 바람에 양쪽에 있던 안전요원이 나를 일으켜 세워주는 걸 시작으로 셀 수도 없이 넘어지며 아기 걸음마 연습하듯 조금씩 터득해 나갔다. 너덧 번쯤 오르자 제법 주위의 풍경도 볼 수 있고 속도에 익숙하게 되었다. 사람의 몸이란 참 대단하다. 아무리 어려운 일이라도 반복하다 보면 어느덧 할 수 있게 되는 것이다. 두 다리로 걷기만 하다가 바람을 가르며 설원을 미끄러져 내려오는 맛이란 이제까지 경험한 무엇과도 비교할 수 없이 시원하고 짜릿했다. 나는 아무래도 속도를 즐기는 성향을 가지고 있었나 보다. 운동을 놀이처럼 할 수 있으니 금상첨화다.

그러나 이 재미있는 걸 혼자만 즐길 수는 없잖은가. 스키초보자인 나는 그해 겨울, 스키 가르치는 선수가 되었다. 차로와 스키 슬로프가 만나는 지점까지 차로 올라가서 넘어지는 법부터 알려준

다. 균형을 잃거나 장애물을 피할 수 없으면 미리 넘어져야 한다. 일단, 넘어진 다음에 추스르고 일어나 한숨 돌리고 다시 시작해야 한다. 새로운 몸과 마음가짐으로. 스키도 삶도, 몸도 마음도, 그래야 다치지 않는다.

스키 날이 세워져 브레이크 역할을 하는 이치를 알려주며 리프트 타는 데까지 같이 내려오면 레슨 끝이다. 내 스키 제자는 곧바로 리프트 타고 올라가도 곧잘 탄다. 이미 원리를 터득했기 때문이다. 심지어 몇 번만 오르내리면 나보다 더 잘 탄다.

나는 무주를 뻔질나게 드나들면서 스키를 탔다. 유난히 새벽잠이 많아 아침에 일어나는 일이 고역인데도 어렵지 않게 꼭두새벽에 일어나 초등학생 아들을 태우고 새벽공기를 가르며 차를 몰았다. 한 시즌에 한 번쯤은 콘도를 빌려 3, 4일간 머무르기도 했다. 한 치 앞을 볼 수 없는 새벽안개 속을 날아오르듯 내려올 때나 보름달이 환한 밤이면 마치 꿈결인 듯 몽환적인 기분이 들기도 하고 아름답고 적요한 풍경에 넋을 잃기도 했다.

그러는 동안 아들아이는 보드로 바꿨지만 나는 여전히 엉거주춤 초보신세를 못 면했다. 좋아하는 것하고 잘하는 건 별개의 문제인 것이다.

아들이 자라 집을 떠나게 되고 나의 무주행은 한 시즌에 한두 번으로 줄어들더니 어느 해부턴가 시들해져 버렸다. 스키는 먼지를 뒤집어쓴 채 집안 어디선가 기나긴 동면에 들었고 시즌이 되어 TV

로 방영되는 스키장의 스키어들을 보고도 타고 싶다는 생각이 별로 안 드는 걸 보면 어지간히 탔던가 싶다. 아니 나이를 먹은 탓인게다. 아니 나이 탓도 아니다. 동갑내기 친구는 지금도 스키가 좋다고 울산에서 무주까지 운전하고 오지 않는가. 은발의 신사가 굵은 손뜨개 셔츠에 코르덴 바지 차림으로 날렵하게 내려오는 모습을 보지 않았는가.

그러니 나이 탓이 아니고 마음이 낡은 탓일 게다. 스키를 꺼내 장거리 운전하고 리프트권을 끊고 줄을 지어 기다리고…, 생각만 해도 번잡하고 성가셔지는 게 낡은 마음 탓이지 뭐겠는가.

이번 겨울에도 역시 무주 갈 일은 없겠다.

낡고 닳아빠져 삐걱거리는 내 마음에 기름칠하고 단단히 조여서 써먹을 만큼 고치지 않고서는.

# 빚이든 은혜든 갚아야

음식점의 4인 탁자에 4명이 앉아 식사를 하고 있었다. 정면으로 보이는 젊은 여인을 보며 나는 소스라치게 놀랐다. 우리 엄마하고 너무 닮은 것이다. 아무리 보아도 우리 엄마인데 너무 젊고 예쁜 모습이 좀 이상했을 뿐, 영락없는 엄마 모습이었다. 뚫어져라 바라보고 있는데 그 여인은 나를 별로 신경 쓰지 않는 듯했다. 한참 그렇게 바라보기만 하다가 사진이라도 찍어 동생들한테 보여줘야겠다며 폰을 집어 들었는데 그 젊은 여인은 어디론가 가버리고 일행은 식사를 계속하고 폰은 작동이 되지 않아 애를 먹다가 정신이 들었다. 꿈이었다.

돌아가시고 한 1년을 이삼 일 간격으로 나타나더니 마지막으로 오셔서 아주 건강하고 밝은 모습으로 "여기가 이렇게 좋은 줄 알았다면 살고 싶었겠냐?"는 말을 남기고는 끝이었다.

그렇게도 꿈에 한 번만 와주시라고 빌어도 오지 않았던 엄마가 이렇게 아름답고 싱싱한 모습으로 와주시다니, 정말 꿈이었다.

엄마는 큰사윗감의 조건이 어느 하나도 마음에 들지 않았겠지만 흔연하게 대했다.

시어머니 돌아가신 후 몇 년, 시아버지 재취 댁은 배가 불러 약혼식에 왔으니 엄마 마음이 어땠겠는가, 짐작도 못하겠다. 더구나 몸도 마음도 둘 곳 없는 시동생이 셋, 남편은 건축설계 사무소에 일용직만도 못한 급료를 받으며 다니고 있었으니 어느 한 가진들 마음에 들었겠는가. 더구나 맏딸이니 시집을 잘 보내고 싶지 않았겠는가마는 나야말로 현실감이 제로에 가까웠으니 무슨 판단력이 있었겠으며 그런 딸을 보고 "나중에 후회 없겠냐?"는 말씀 한마디 했을 뿐, 그것으로 그만, 아무런 내색을 안 하셨다.

뿐만 아니라, 딸도 시집보내고 사위도 장가들이셨다. 누울 자리를 보고 다리 뻗는다고 경우 따질 것 없이 결혼식 경비를 다 댔을 뿐 아니라 사위한테 빈 함을 들려 보내 친구들한테 함 팔러 오라고 하셨다. 포항, 서울 등 멀리서 온 사위 친구들한테 핑곗김에 한 상 차려 대접하고 싶은 마음에서였으리라.

엄마는 사업한다고 이리 뛰고 저리 뛰는 사위의 점심상을 늘 성의껏 준비했으며 남편은 너무나 당연히 매일같이 처갓집을 드나들며 사업자금 융통을 부탁하고 엄마는 기꺼이 재무 담당을 맡아 적자를 메우고는 했던 것이다. 그렇게나 빨리 가려고 최선을 다했는지는 모르겠으나 하나님도 좋은 사람이 필요해 먼저 데려가신다더니 그렇게 아들처럼 십 년, 엄마 임종 때다.

절대로 울지 말라는 엄마의 당부를 기억했을 텐데도 남편은 엉엉 울었다. 내 눈물이 달아나 버렸을 정도로 남편은 소리 내며 울고 또 울었다. 군대 갔을 때, 갑자기 어머니를 여읜 남편한테 우리 엄마는 장모님이 아니고 그냥 엄마였던 것이다.

엄마 가신 지 벌써 삽십 년이 훌쩍 넘었다.

"세상에 거저 받는 건 없나 봐. 아직도 갚을 게 남았나 봐."

남동생이 또 무언가를 부탁했나 보다.

외과의사인 남동생은 의사를 안 했으면 무슨 일을 할 수 있었을까 싶을 정도로 세상 물정도 모르고 할 줄 아는 것도 없다. 그러니 숨만 크게 쉬려 해도, 누가 말만 걸어와도 겁이 나는지, 귀찮아서인지, 무조건 매형을 찾는다. 그러면 지금껏 단 한 번도 거절하지 않고 자기 일처럼 힘닿는 대로 돕는다. 그러니 남동생에게 매형은 금 나와라 뚝딱, 하면 나오는 도깨비 방방이 같을 게다.

남편이 몸이 몹시 안 좋았을 때였다. 기운이 하나도 없는 소리로 "얼마 못 살 것 같아."라는 것이었다.

"무슨 소리야? 아직은 한참 남았어! 힘내요. 내 동생이 얼마나 복이 많은데?"라고 말했더니 슬그머니 믿는 눈치다. 그 다음부터는 약한 소리를 안 하는 걸 보면 말이다.

코로나 때문에 일상이 얼어 붙어버렸다. 조금 잠잠해지는가 했더니 다시 극성을 부리기 시작했다. 세상이 어떻게 변하려는지, 해도 소용없는 걱정이다.

그나마 건강을 챙기지 않으면 안 될 듯싶어 저녁식사 후에 시간을 정해 공원을 한 시간쯤 걷는다. 가는 길에 강아지풀이 제법 키를 자랑하며 한들거린다. 거기 그렇게 있는 줄도 모르고 지나치는데 남편이 강아지풀을 쏙쏙 뽑아내더니 그 옛날, 아버지가 이쑤시개로 쓰셨던 걸 기억하냐고 묻는다. 생각해 보니 그랬던 것 같다. 내 부모의 별 걸, 다 기억해내는 남편이다.

강아지풀을 이쑤시개로 쓰면 탄력성도 있고 가늘어서 이가 상하지도 않고 쓸 소용이 많다고 아버지가 알려주셨다는 것이다. 나도 들었을 텐데, 까맣게 잊고 있었다.

돌아오는 길에 몇 대를 뽑아와 씻어 말려 써봤더니 아닌 게 아니라 제법 쓸만하다.

남편은 그렇게 자기의 장인 장모님의 일화를 자식인 내게 일깨워주기도 하고 자기를 사랑해 주셨던 정을 처남과 처제들에게 그대로 내리사랑으로 베풀며 오늘도 구시렁거린다.

"빚이든 은혜든 갚아야…."

# 나는 문예가족이다

— 목윤 선생을 회고하며

80년대 중반이나 되었을까, 단체전이 열리고 있는 전북예술회관 전시실에 어떤 남자분들이 그림의 주인공을 찾는다기에 전시실 옆의 커피숍에서 통성명을 하게 되었다.

한 분은 이운룡 선생인 걸로 기억이 되고 다른 한 분은 목윤 선생이셨다.

그림이 좋다며 이런저런 많은 얘기를 했던 것 같다. 그 후로도 목윤 선생은 가끔 연락을 주시고 때로는 익산에 찾아오신 선생께 나는 국수 대접도 하면서 왕래를 이어갔다.

『문예가족』 표지그림을 부탁하셔서 그것도 못 하겠냐며 흔쾌히 그려드렸던 것이 새삼스럽다. 그런데 십여 년이 지난 후, 공교

롭게도 수필이 무엇인지도 모른 채, 순전히 타의에 의해 『에세이 문학』에 수필 천료한 일이 전북일보 문화란에 실린 기사를 보고는 채근하시는 것이었다. 『문예가족』 동인이 되어 달라고.

참으로 난감했다. 아무리 내 의지로 등단을 한 것이 아니다, 또 나는 그림쟁이지, 글쟁이는 못 된다며 그저 표지 그림이나 애먹이지 않게 그려드리겠노라고 설득해도 막무가내셨다. 시도 때도 없이 연락하고 찾아와 어린아이 떼쓰듯 조르고 조르시는 것이었다. 나중에는 죄송하기도 하고 귀찮기도 해서 하겠다고 대답하고 말았다.

그렇게 몇 년 동안 표지 그림만 연재하다가 2001년에야 정식으로 『문예가족』에 입성하게 되었다. 동인지에 3편의 수필을 발표하고 가족 모임에 처음으로 참석한 날이었다.

반갑다며 한 잔 받으라고 술을 따라주시던 때께오 성님께서 느닷없이 주도도 모른다며 나에게 그 큰 목소리로 떽떽(?)거리며 벼락을 때리셨다. 자리가 너무 비좁아 옆자리 선생께 피해가 갈까봐 왼손으로 술잔을 받은 게 화근이었다. 생전 초면에 날벼락을 맞은 나는 그림판에서도 술꾼으로 명성이 자자한 선생께 "아, 술잔은 오른손으로 받는구나, 평생 처음 받아보니 주도를 알 수 있었어야지요. 앞으로는 꼭 오른손으로 받을게요."라며 아무렇지도 않은 척, 위기를 넘긴 것도 잠깐, 이번에는 오하근 선생과 시구를 놓고 살벌한 싸움판이 벌어지는데 다른 분들과 목윤 선생 목소리까지 우렁우렁 끼어들어, 주력도 만만치 않고 별스러운 술자리 경험도 많은 나였지만, 그야말로 아수라판이 되어버린 회식 자리에 영 적응이 되지 않았다. 2차 가자며 자리를 옮겨서야 겨우 평화를 찾을 수 있었을 것이다.

첫 번 모임의 충격은 금방 가셨다. 문학의 고수들 모임은 달라도 한참 달랐다. 만날 때마다 늘 술이 있었고 화기애애한 관심과 기발한 도발과 후배에 대한 애정이 남달랐다. 나는 마음 놓고 어리광 부리고 떼를 쓸 수 있어 『문예가족』 어른들이 마냥 좋았다.

허망하게도 세월이 많이 흘렀다.

막냇동생 친구라고 나를 많이 챙겨주시던 수필가 이용찬 선생이 떠나시고 소주를 좋아하던 형문창 소설가도 꽁꽁 얼어붙은 겨울밤, 술 마시고 길에 쓰러져 숨을 거뒀다. 내 그림과 글을 무던히도 아껴주시던 평론가 오하근 선생도 암으로 세상을 등지시고 이제 그들은 내게 신화처럼 이야기로만 남았다.

목윤 선생마저 병고로 고생하시더니 미리 예견한 듯, 〈나의 내 묘비명〉이라는 시를 남기고 기어이 세상을 버리셨다.

………

………

모래바람 한 줌 없는 어리석은 시인이었어

뒤늦은 지랄,

회벽에 얼룩지는 눈물 차라리 맑다

(중략)

남겨진 동인들마저 옛날의 주량도 입심도 문학에 대한 열정도 소문 없이 식어간다. 우리는 쓸쓸히 그렇게 조금씩 소멸해 가고 있다.

돌이켜 보니 『문예가족』은 내 문학의 불을 밝혀준 심지였으며 동인들은 내 문학 밭의 작물을 키워주는 자양분이고 울타리였다. 『문예가족』 동인이 아니었다면 내가 과연 지금껏 글을 쓸 수 있었을까. 글을 쓰는 일이 좋다. 이렇게 좋을 줄 알았으면 진즉 쓸 걸 그랬다.

생각해 보니 억지로 나를 끌어들인 목윤 선생께 한 번도 고맙다는 표현을 해본 적이 없다. 왜 나는 이렇게 살 만큼 살고도 지나고 나면 늘 후회하게 되는 걸까. 나는 또 후회하며 목윤 선생을 추억하며 받으실지 모르겠지만, 뒤늦게나마 고마운 마음 한 자락 올려드린다.

# 그리고, 그 후

누군가 조금이라도 위로 받을 수 있다면, 외롭지 않을 수 있다면 나는 그것을 위해 적은 힘을 보태며 신나게 일할 수 있다. 그렇게 사는 게 좋다. 나는 그 느낌을 사랑한다. 애틋한 누군가를 위한 일을 하며 겪는 고통은 고통이 아니다. 그게 삶의 이유이고 가치고 윤활유다.

어쩌면 오래전 이름도 모르는 한 여인이 내게 바람처럼 나타나 주고 간 사연 때문인지도 모른다.

40대 초반, 급하게 나를 찾는 사람을 만나러 차를 타고 가다가 중앙선을 넘어오는 차와 정면으로 충돌해 대학병원에 실려 갔다. 안전벨트를 맨 의자가 빠개지면서 허리를 쳐 요추 1번과 오른팔목이 골절되는 사고였다. 모래주머니를 허리에 대고 움직이지도 못한 채, 진통제도 듣지 않는 극심한 통증 때문에 1인실에서 잠도 못 자고 엉엉 울었다. 뼈를 깎는 고통이라더니 허리뼈가 부러진 고통은 이루 말로 표현할 수 없을 정도로 지독했다.

한 보름쯤 지나 미칠 것 같은 통증도 서서히 사라질 즈음 멸균실이 필요한 환자가 방이 없다는 간호사의 말에 방을 내주고 2인실로 옮겼는데 위암 말기의 여자 환자가 있는 방이었다. 환자는 한참 동안 아무것도 먹지 못했는지 눈물겨울 정도로 말라 있었고 말소리도 적어 주의를 기울이지 않으면 알아듣지 못할 정도였다.

먹고 싶어도 먹지 못하는 그녀 앞에서 먹는 건 죄악이었다. 나는 하루 세 번씩이나 죄를 지어야 했다. 입원 초기에는 장 경직 때문에 금식을 해야 했고 나중엔 입맛이 없어 먹지 못한 나는 살기 위해 맛없는 밥을 그녀 때문에 가림막을 하고 소리를 죽여 씹어야 했다. 사람이 할 짓이 아니었다. 한밤중이 되면 그녀의 통증은 더 심해졌다. 통증 때문에 거의 잠을 자지 못하는 그녀는 심심하면 자냐고 묻고는 했다. 당연히 나는 설핏 잠들었다가도 안 잔다고 대답했다.

"먹고 싶은 거 말해 보기!"

그녀는 먹고 싶은 게 너무도 많았다. 잘 익은 빨간 사과 한 알을 씻어 껍질째 아삭아삭 깨물어 먹고도 싶고 김이 모락모락 나는 갓 지은 하얀 쌀밥에 김치를 척척 걸쳐 먹고도 싶고, 생선회도 맘껏 먹고 싶어 했다. 잠 못 이루는 밤, 음식 이름을 대며 밤을 보냈다.

"빨리 나아 먹으러 갑시다. 내가 다 사줄게요."

정말이지, 낫지 않아도 좋으니 먹을 수만 있다면 뭐가 되었든 다 사주고 싶었다.

그녀의 남편은 트럭 운전사였다. 이삼 일에 한 번쯤 피곤한 모습으로 병원에 오면 한 시간쯤 말없이 앉아 있다가 갔다. 자식들도 번갈아 드나들지만, 그녀에게 해줄 수 있는 일이라곤 별로 없었다.

그녀는 영리하고 부지런했으며 억척이었다. 자식들한테는 못 배운 한을 대물림하지 않기 위해 할 수 있는 짓은 다 했다면서 스스로를 대견해했다. 이것저것 안 가리고 부업을 해 위로 둘은 교사, 셋째는 의대, 넷째는 건축과 학생으로 키워놓고 이제 막 한숨 돌리려던 차에 덜컥 병마에 사로잡혔으니 얼마나 억울할 일인가. 목이 탈 때도 배달하느라 늘 손에 잡히던 요구르트 한 병도 먹지 않고 아꼈노라고 했다. 그렇게 하지 않고서야 남편 벌이만으로 어찌 넷이나 되는 자식들 뒷바라지를 할 수 있었겠는가. 아마 그때 먹고 싶어도 참고 먹지 않았던 것들이 지금 눈앞에 어른거리는 걸게다.

밤마다 그녀는 자서전을 썼다. 유일한 독자인 나는 허리에 깁스 역할을 하는 알루미늄 보호대를 차고 그녀의 배를 살살 어루만져 주거나 침대에 누워 그녀의 자서전을 귀로 읽었다. 그녀는 그렇게 밤마다 과거로의 여행을 떠나며 그나마 통증을 견뎠다.

무식하고 무심한 남편 만나 사람대접 못 받고 산 세월이 억울하다고 했다. 그녀는 영원히 살 것 같이 자기 삶에 대해서만 말했고 나는 얼마 남지 않을 것만 같은 그녀의 죽음을 속으로만 걱정했다.

그녀는 밤마다 자기의 삶을 되새김질하면서 오물을 쏟아내듯 한과 서러움과 울분을 토해냈고 낮에는 조용히 평안을 얻으며 서서히 정화되어갔다.

어느새 나는 그녀의 가장 가까운 보호자가 되어 있었다.

그녀의 관심사는 이미 평생을 바쳐온 남편도 자식도 아니었다. 그녀는 그제야 온전히, 자신만의 삶을 오롯이 살아내고 있었다. 그렇게 밤마다 의사도 간호사도 가족도 모르는 우리만의 은밀한 시간을 공유한 지 아흐레쯤 되었을까. 그녀는 비로소 마음의 매운 매듭을 모조리 풀어버린 듯 보였다.

"하나님이 나에게 천사를 보내주셨나 봐."

졸지에 나는 천사가 되어버렸다. 가당찮게 내 생애 최고의 찬사를 들었다. 내가 천사가 되어버린 것이 좋은 게 아니었다. 그녀에게 무엇이 되어도 상관없이 그녀가 평안을 찾은 것이 기뻤다.

언젠가 죽음을 맞이하게 될 때가 오면 천사를 따라가라고 말했더니 맑은 얼굴로 끄덕이며 순하게 웃었다.

그리고 한 이틀 지났을까, 물리치료를 받고 와보니 침대가 비어 있었다. 위중해져 중환자실로 옮겼다고 한다. 한 시간 전에도 멀쩡했는데 이럴 수가, 중환자실로 내려가 보니 면회 금지였고 면회

시간이 되어 다시 가보니 운명이 가까워 오자 산소호흡기를 달고 퇴원했다고 했다.

그녀와 나는 그렇게 사연 하나를 만들고는 허망하게 헤어져 버리고 말았다.

그리고, 그 후, 이맘때가 되면 가끔씩 나는 그녀를 추억한다. 거의 먹지도 자지도 못하고 함께했던 열하루 동안의 사연들을 조문한다. 내가 그녀에게 의도하지 않고 천사가 되었던 것처럼 그녀도 내게 천사가 되어 어떻게 살아야 하는지를 되새겨주고는 한다.

2015. 10.

# 그래서 친구다

소설가 홍 선생님과 서양화가이며 미술평론가인 연풍이는 커피 친구다.

둘은 일주일이면 한 닷새쯤 선생님 댁 근처에 있는 조용하고 따뜻한 느낌이 나는 '커피하임'에서 만나 한담을 나눈다. 홍 선생님은 아메리카노 한 잔, 연풍이는 에스프레소 두 잔을 마시고 간단히 헤어진다. 커피회동은 2, 3년 동안이나 계속되었다. 대부분 타산지석과 반면교사가 어떻게 다른가라든가, 뉴스시간에 전염이라는 단어를 쓸 자리에 전파라는 말을 쓰는 엉터리 아나운서가 있다라든가 하는 가벼운 얘기를 나눈다. 홍 선생님은 전후에 활동하던 문인들, 이를테면 '명동백작' 등의 기행과 사연들을 실감나게 얘기하셔서 몇 번씩 들어도 매번 새롭고 흥미롭다. 어찌나 기억력이 좋은지 세세한 내용까지 실감나게 표현하신다. 요즘엔 집필하는 자전소설의 내용을 알려주셔서 선생님의 파란만장한 일대기를 거슬러 올라가 보기도 한다.

선생님과 연풍이는 각자의 지인들이 만나러 오면 그 커피숍에서 같이 만나고 같이 밥 먹으러 가곤 해서 서로 모르는 일이 없을 정도다. 나도 자투리 시간이 나거나 만난 지 좀 오래됐다 싶으면 전화도 안 하고 불쑥 찾아간다.

그러던 어느 가을날, 홍 선생님 혼자 계시다가 내가 자리에 앉기 무섭게 말씀을 꺼내셨다.

"어떤 묘령의 여인이 말이다, 한 열흘 전에 나 커피 마시라고 돈을 맡겨놨단다. 대체 누굴까?"

팔십 중반의 선생님은 홍조 띤 얼굴빛으로 일성을 내지르셨다. 암만 생각해도 짐작이 가는 사람이 떠오르지 않으신단다.

"선생님, 이 가을에 회춘하시겠네." 나도 덩달아 목소리를 방방 띄우며 맞장구를 쳐드렸다.

며칠 후, 이번에는 혼자 앉아있는 연풍이 앞에 자리를 잡고 앉는데 연풍이 왈, "어떤 여자가 홍 선생님 커피 값을 맡겨놔서 나까지 공짜 커피를 마시고 있는데 누군지 궁금해 죽겠다."는 것이다. 나하고 약속한 커피숍 주인이 끝내 알려주지 않았던 것이다.

"누구긴 누구야, 나 아니면?"

당분간 선생님께는 말하지 말라는 내 말에 "나, 입 싸!"다며 그날 바로 선생님의 꿈을 무참하게 깨트려 버렸다.

"에이, 입 싼 친구, 그 대가로 돈 내고 커피 마셔야 할 것이다."

그런데 얼마 안 가 연풍이 제자가 커피숍에 상당한 돈을 맡겨놓아 선생님과 연풍이는 여전히 공짜커피를 마신다.

작년 추석 때다. 연풍이 제자가 찾아와 금일봉과 거한 선물을 내놓으며 옆에 계신 선생님께도 백화점 상품권과 식사대접을 하고 갔노라고, 연풍이 덕분에 뜻밖의 선물을 받았다고 말씀하셨다. 선생님의 제자인 나는 연풍이 제자 선물에 비하면 어림없이 약소한 천연건강음료 두 박스를 사가지고 선생님을 만났다. 선물은 양보다 질이라며 연풍이가 선생님 친구 아니면 내 선물이 가당키나 할 것이냐고, 선생님도 큰소리 빵빵 치며 한 박스는 연풍이한테 주시라고 눙쳤다. 선생님은 당연히 내 속마음을 짐작하고도 남으셨을 것이다.

중 일학년 때 국어를 가르쳐주신 홍 선생님은 그때 이미 소설가로 문명을 떨치고 계실 때였다. 숙제로 낸 짧은 글을 두고 글 쓰라는 선생님의 다그침을 나는 못 들은 체 했다. 대문호가 되지 못할 바엔 아예 원고지를 더럽힐 필요가 없다는 게 되지 못한 이유였다. 문예반 활동도 교지 편집위원도 마다하고 제멋대로 교칙을 위반하며 영화관에 직행하기 일쑤였다. 실은 글이란 천재들이나 쓸 수 있는 것이라는 생각에 글 쓰고 싶은 욕망으로부터 도망쳤는지도 모른다. 홍 선생님 말고도 문학의 전범을 보여주신 쟁쟁한 이력의 국어선생님들 덕분인지, 이러구러 세월이 흘러 자의반 타의반으로 어찌어찌 등단하게 되었다.

삶이란 결과도 중요하지만 과정 또한 결과 못지않게 중요하다는 생각이 들기 시작할 때였다. 아무리 질 좋은 옥석이라도 갈고 닦지 않으면 보석이 될 수 없다는 생각이 들기 시작할 즈음, 부족하면 부족한 대로 계속 쓰다 보면 안 하는 것보다 낫겠다 싶을 때 수필가가 되었다.

열세 번째 한국화 개인전 도록을 드리기 위해 선생님과 나는 아메리카노 한 잔씩을 앞에 놓고 앉았다. 오후의 짱짱한 햇빛이 무료함과 적당히 뒤섞여 커피향이 개운하게 첫입을 적실 때였다.

"박미서, 입지전적인 인물이다."

도록을 꼼꼼히 들여다보던 선생님이 그림이나 글과는 거리가 멀어도 한참 먼 공대 출신인 나를 두고 하신 말씀이다.

입지전적이기로야 선생님만 하겠는가? 어려서 조실부모하고 백부 댁에 얹혀 살며 수재들의 전당인 사범학교에 합격했으나 재학 중에 사상범으로 체포되기도 하는 등 고초를 겪으신 선생님. 지난한 가족사를 극복하고 초중고교 교사를 거쳐 대학의 국문과 교수가 되어서는 내로라하는 소설가를 열 손가락도 넘게 배출하셨으니 말이다.

"그러게요. 쓰라고 하실 때, 진즉 썼으면 훨씬 좋은 글 쓸 텐데요."

"지금도 괜찮아."

선생님은 순하게 말씀하셨다. 그래. 맞다. 지금도 괜찮다. 나는 참 마음이 편안해졌다. 역시 한 번 스승은 영원한 스승이다.

선생님 곁에 있어 심심하면 내게 선생님 친구대접을 받는 연풍이는 남편의 후배이며 내 동창생이다. 연풍이 친구들 중에는 남편 때문에 알게 된 나를 '형수씨'라고 부르는 사람들이 여럿 있다. 그러나 연풍이는 나를 먼저 알았으므로 당당하게 '박미서!'라고 큰소리로 부른다. 연풍이는 그 점을 참으로 다행이라고 말한다.

연풍이는 내 친구다. 그리고 연풍이는 홍 선생님 친구다. 그러므로 나는 홍 선생님 친구다. 그래서 우리는 가끔씩 커피도 마시고 밥도 먹고 술도 마시며 같이 논다.

# 안녕하신가요

# 계절이 흐르고 있는 사이

"경산이 돈이 필요하다는데요."

"네."

"근데, 그 사람하고 돈거래를 해보지 않아서 갚을지, 안 갚을지 잘 모르겠어요."

"네."

그는 다음날 필요한 만큼 돈을 마련해 왔고 난 어디서 구했는지 물어보지 않았다.

20년이 지났다. 그만큼의 이야기가 재산처럼 쌓였다.

언젠가부터 그에게서 소식이 없다. 생각해 보니 몇 달은 족히 되었지 싶다. 그렇더라도 쉽게 전화를 하는 건 아무래도 경망한 짓 같았다. 친구랑 밥을 먹다가, 일 중간에 창밖을 보다가, 문득 그를 떠올리며 괜찮겠지, 하며 애써 뭔가 찜찜한 기운을 털어버리고는 했다.

계절이 바뀌고 있을 즈음, 망설이다가 전화를 했다. 안 받는다. 문자를 보냈다. 꽤 오랫동안 답이 없다. 우울증이 깊어졌나 보다. 좀 기다려 보자며 몇 달이 지나갔다. 겨울도 봄도 아닌 어느 날, 불안이 슬금슬금 내 뒷덜미에 올라타고 짓누르기 시작했다. 웬만해서는 안 하던 짓을 했다. 집으로 전화를 한 것이다. 없는 번호란다. 이게 뭐지? 머리가 하얘진다.

돌이켜보니 그와 이어진 끈은 단지 그의 집 전화번호와 스마트폰 번호뿐이었다. 그와 소통하는 건 그것만으로도 충분했다. 그에 대해서 꽤 많이 알고 있던 것 같은데 겨우 전화번호 2개를 알고 있을 뿐, 집이 어딘지, 그의 친구나 지인이 누구인지, 아는 게 거의 없던 것이다.

전주에서 익산으로 오는 길은 여러 갈래다. 그는 계속해서 같은 길로 운전하는 걸 좋아하지 않았다. 하루는 삼례 방향으로, 하루는 왕궁으로 돌아서, 하루는 김제 가는 길로 가다가 용지로 들어서는 길로 오는 식이다. 매일 지는 해가 매일 달랐다. 그렇게 노을을 바라보며 집으로 돌아오는 길은 분주하기도, 쓸쓸하기도, 감성적이기도 했다. 대부분 그는 나를 내려주고 서둘러 자기 집으로 돌아갔지만 더러는 만경강가에 차를 세우고 지는 해를 바라보기도 했고 어느 날은 삼례 오일장에서 각자의 장을 보기도 했다. 내가 감정을 주체할 수 없을 만큼 상처를 받은 날 물어보지 말라며 울음을 터트린 곳도, 그가 하늘만 아는 일을 털어놓아야 숨통이 터질 것 같다며 어렵게 말문을 열었던 곳도 그의 차 안이었다. 그렇게 1년을 보내고 내가 승용차를 마련하면서 우리의 동행은 끝이 났다.

이런저런 일로 그와의 끈은 끊어지지 않았고 그가 그림을 시작하면서 외려 화실 식구들과 같이하는 시간이 많아졌다.

그는 아직 쌀쌀한 바람이 코끝을 맵게 하는 2월 초쯤, 우리 몇 사람을 새로 장만한 그의 은거에 초대했다. 큰 길가에 나와 서성이고 있던 그는 내 차를 발견하곤 자기를 따라오라며 좁은 들길로 꺾어 들어가 조그맣게 들어앉은 황토집으로 데려갔다. 어둑해질 무렵이었다. 낮부터 아궁이에 장작을 얼마나 지폈는지 쩔쩔 끓는 온돌방에 들어가자마자 누구랄 것도 없이 방바닥에 벌렁 누우며 환호성을 질렀다. 얼어붙은 몸과 허기져 노곤해진 마음을 녹였던 감촉이 얼마나 좋았던지 지금도 등에 닿았던 따뜻한 느낌이 생생히 느껴진다. 돼지고기 숭덩숭덩 썰어 넣고 끓인 김치찌개에 동치미와 막 지은 쌀밥을 우리는 얼마나 허겁지겁 먹어댔던가. 한 숟갈만, 한 숟갈만 더, 하며 먹고 나니 남은 김치찌개에 라면을 끓여 내와 또 터지게 먹여야 직성이 풀렸던 그. 그가 끓여주던 찌개는 종일 추위와 일에 지친 우리를 충분히 풀어지게 하고도 남았다. 그렇게 가끔씩 우리는 그의 황토방을 찾았다.

누구에게나 정성을 들였듯 그는 두 아들에게 아주 자상한 아빠였던 듯싶다. 늦은 저녁에 야식을 만들어 자식들이 맛있게 먹는 모습을 보면 그렇게 좋을 수가 없다며 이것저것 만들어준 음식 자랑을 하곤 했으니.

대학을 졸업하는 큰아들이 취직을 하지 못했다며 어지간히 마음 쓰다가 내 지인의 회사에 취직이 됐을 때 얼마나 좋아했던지. 불의한 짓은 할 수 없다며 과감히 사표를 던지고 마음 편히 전원생활을 하면서 아들 장가보내 손자 키우는 재미로 살겠다고 그는 희망에 부풀었다.

인생은 절정일 때 조심해야 한다. 직장 잘 다니던 아들이 느닷없이 비명횡사해버린 것이다. 아들이 죽고 그도 조금씩 죽어갔다. 두문불출하는 그를 밖으로 끌어내고 보면 반쯤 넋을 놓고 있었다. 그는 그저 죽지 않았을 뿐, 결코 시린 시간들을 견디거나 극복하려 하지 않았다. 아무 말이나 해대는 나나 아무 말이나 듣는 그는 실은 건성이었다. 그때 내가 그의 아들 취직자리에 나서지만 않았다면, 그래서 그 회사에 다니지 않았다면 그의 아들은 죽지 않았을까.

그의 소식을 알지 못해 전전긍긍하다가 몇 다리 건너 어렵게 알아낸 사실. 벌써 몇 달 전에 두어 달 투병 끝에 운명했다는 것이다.

나는 그가 죽었다는, 그것도 몇 개월 전 일이라는 말을 듣고도 울지 않았다. 그럴 줄 알았던 것 같기도 했다. 그렇다고 해도 그저 허망하다는 말로는 부족했다. 그런 줄도 모르고 죽은 사람에게 전화를 해대고 문자를 보냈었다니.

나를 듬직하게 받쳐줬던 막대 하나가 빠져나간 것 같이 마음이 갈피를 잡지 못하고 휘청거렸다. 겨울에서 봄으로 조금씩 기어가고 있는 계절 탓이기도 했을 것이다.

입춘이 지났는데도 진눈깨비가 땅 위에 추적추적 스미고 있었다. 으슬으슬 찬 기운이 온몸으로 파고드는 날씨 때문에 나는 밖으로 나가지 않았다. 내가 그를 위해 할 수 있는 일은 아무것도 없었다. 그의 죽음을 당시에 알았다 한들 내가 무엇을 할 수 있었을까. 그저 검은 정장을 하고 그의 장례식에 참석해 영혼이 빠져나간 영정사진에 눈길 한번 주고 의례적인 묵도를 하고 맛있지도 맛없지도 않은 밥을, 마지막으로 그가 내게 대접하는 거라고 애써 자위하며 꾸역꾸역 먹고 주차권을 받아 서둘러 돌아오는 것 말고는 대체 내가 그를 위해 무엇을 할 수 있었단 말인가.

그가 죽었다는 소식을 들은 후에도 나는 전날처럼 여전히 사람들을 만나고 그들과 웃으며 밥을 먹고 잠을 잤다. 그와 공유했던 시간들을 떠올리며 나는 그에게서 받은 것들을 갚을 길이 없다는 게 참으로 쓸쓸했다.

그렇게 더딘 시간이 흐르고 있었다. 계절이 천천히 흐르고 있는 사이, 그가 흘렸을 눈물 몇 방울과 애증과 비애와 후회, 쓸쓸함이 내 곁에 머물렀다.

그를 감싸고 있던 이 모든 것들을 그는 안고 갔을까.

기다렸다는 듯이 홀가분하게, 드디어 아들 곁으로 가게 되었다며 동네 마실 가듯 가버렸을까. 그는 이 땅에서 무엇을 잃고 무엇을 얻었을까.

어디에도 기록되지 않은 그의 삶은 이대로 사라져버리는 것일까.

며칠째 우중충하던 날씨가 내일이면 밝게 빛날 것이고 저만치 오지 않을 것 같은 봄은 기어이 오고 있을 것이다.

안부를 몰라 불안하고 찜찜한 마음으로 그에게 보냈던 마지막 문자를 본다. 이 글을 쓰고 난 후, 이제, 그만, 그의 전화번호를 지워야겠다.

2020년

# 안녕하신가요, 선생님

"와, 이거 나한테 팔아요."

단이 다짜고짜 내 팔목에 걸린 묵직한 은팔찌의 고리를 풀어 자기 팔목에 차본다. 굵은 고리를 양쪽으로 연결한 디자인의 브랜드 네임을 알아맞힌 자기의 안목을 은근히 뽐내며 탐을 내는 것이다.

내가 선생님을 만난 게 20대 후반, 첫아이를 낳고 난, 꽃 같은 나이였다.

막 배우기 시작한 꽃꽂이 강의실에 어느 날 꽃꽂이 강사의 친구분이 찾아왔는데, 그림을 그린다고 했다. 그렇잖아도 어릴 적 꿈인 화가가 되고 싶어 방법을 찾고 있던 판에 부럽기도 하고 근사해 보이기도 해서 가깝게 지내다가 어찌어찌 사제의 연을 맺게 되었다.

만난 지 얼마 되지 않아 선생님은 우리가 같은 토끼띠에 혈액형도 같은 AB형이라는 것에 동질감을 느꼈는지 속 얘기도 터놓고 결정하기 어려운 문제에 대한 의견을 묻기도 하면서 나에게 정을 주셨다.

그분은 뛰어난 패션 감각을 지녀 멋있고 세련된 풍모에 열정적인 리더십과 강력한 포스를 풍기셨다. 그러나 무엇보다도 천부적인 그림 실력을 지니셨다. 그가 그림을 그리는 걸 보고 있노라면 붓질이 마치 춤을 추는 듯, 선 하나로 시작된 그림이 어느덧 매화로, 국화로, 연으로, 화선지 가득 피어나는 것이다. 특히 화면 가득, 담채가 번진 듯 안개 속에 하나씩 형상이 뚜렷하거나 어렴풋한 꽃들이 어우러진 그림은 나를 황홀하게 만들었다.

그의 그림은 군더더기 하나 없이 깔끔하게 빨아 말갛게 헹궈 널어놓은 빨래 같았다.

오래되어 정확한 사연은 가물가물하지만 어떤 한 부분 생생하게 잊히지 않는 기억이 있다. 제법 큰 규모의 두 쪽 가리개에 일지一枝로 꽃그림을 그릴 때였다. 거의 완성된 그 그림에 누군가가 실수로 물감이 묻은 붓을 뿌리쳐 엷은 빛깔의 물방울이 흩뿌려져 버렸다. 그 광경을 바라보던 나는 너무 놀라 얼어붙은 채 숨을 죽이고 있는데 선생님은 아무 일도 아니라는 듯 가볍게 말씀하시며 자신만만한 붓질을 이어 나갔다.

"걱정할 것 없어. 고치면 돼."

그 방울마다 꽃으로, 잎으로, 새롭게 태어나는 그림을 보며 '아, 나도 저렇게 멋있는, 아니 품이 넓은 사람, 화가가 되어야지.'라고 다짐했다. 그 가리개는 훨씬 그윽하고 화사해졌음은 말할 나위도 없다.

그때 그 놀라운 경험은 선생님을 더욱 존경하게 만드는 계기가 되었고 그분은 알든 모르든 내 진정한 스승이 되고 있었다. 어떤 어려움이나 곤란한 지경에 처해도 결코 당황하지 않고 대처하는 그 당당한 자신감이라니. 늦었다고 생각할 때가 가장 빠른 때라며 그는 50대 후반에 학위를 따고 60대와 70대에 3개 대학 강의를 맡았다. 나는 그분의 족적을 지켜보며 화가가 되기에 너무 늦은 나이는 없다는 걸 깨달았다고 해도 과언이 아니다. 이 세상에 무엇을 이루기 위해 너무 늦은 나이는 없는 것이다.

한번은 그때나 지금이나 워낙 털털한 나는 선생님이 그려놓은 합죽선을 참고로 부채 그림을 그리고는 낙관한다는 것이 그만 선생님 부채에 떡하니 내 호를 써놓고 말았다. 쩔쩔매며 자초지종을 고하는 내게, 아무 일도 아니라는 듯, 웃으며 대신 새 부채나 하나 가져오라고 말씀하셨다. 그 모습이 얼마나 넓어 보이던지 평생을 가슴에 담아오는 건 물론 나도 내 제자의 그런 실수쯤 아무렇지도 않게 넘어가는 건 분명 의도치 않은 선생님의 가르침 때문인 걸 내 어찌 모르랴. 세월이 흘러 누렇게 바랜 그 부채를 가끔씩 꺼내 펴

보며 마음 그릇을 키워왔다.

선생님 슬하에서 7년, 나는 선생님을 떠나 독립했다. 그러나 그 후에도 가끔 만나 밥도 먹고 전시 여행도 가고 이런저런 저간의 사정도 터놓으며 20여 년을 훌쩍 넘겼다.

그 세월 동안 선생님은 외국 나갔다 오실 때면 간간이 현지의 금속공예작가가 만든 은 장신구를 선물해주셨다. 워낙 안목이 좋은 선생님이 골라온 액세서리는 어떤 선물이든 여간해서는 마음에 들지 않을 정도로 까다로운 내 취향에 딱 맞아 즐겨 애용하는 장신구가 되었다.

어느덧 팔십 고개를 바라보는 선생님이 아무래도 노후는 따님 곁에서 보내는 게 좋겠다며 훌쩍 떠나가신 게 작년 봄이다.

그리고 1년 후, 더욱 아름답고 생기 있는 모습으로 다니러 오셨다

"미국 물이 좋은가 보네요. 훨씬 젊고 예뻐져서 오신 걸 보니…."

대학에서 동양화 실기를 강의한다고 하셨다. 영어가 부족해도 실기 강의하는 데는 별 지장이 없다며 자신감을 보이신다.

돌아가시기 전날, 없는 시간을 쪼개어 나를 만나러 오셨다. 실버 귀걸이와 팔찌 세트를 내놓는데 젊은 날 애용하셔서 내 눈에 익은 것들이다. 의아하게 쳐다보는 내게, 가지고 있던 장신구를 한 아름 가져와 어울릴 만한 제자들한테 하나씩 나눠주었다고, 미리 염두에 두고 각자에게 어울릴 만한 걸 골랐다며 빨리 차보라고 채근하신다.

"아직 충분히 잘하고 다니실 수 있을 텐데…, 왜요?" 애장품을 정리하기엔 너무 이른 연세인데, 그만 목이 멘다. 잘 어울릴 줄 알았다며 흡족해하는 선생님을 꼭 안아드리며 주책없이 나오는 눈물을 감췄다. 과연 선생님답다는 생각을 그때는 하지 못했었다.

선생님의 팔찌를 하고 길을 나선다. 팔찌는 그냥 팔찌가 아니다. 선생님의 젊은 날의 사연, 인생의 편린이 담겨있다. 나는 선생님의 한 시절의 이야기를, 한 화가의 역정을 손목에 달고 오늘 하루를 산다.

선생님은 내년에도 어김없이 씩씩하고 행복한 모습으로 다니러 오실 것이다.

# 과거로 돌아가는 터널 속에서

겨울비가 추적추적 내리는 날이다. 한참이나 젊지만, 마음은 나보다 농익은 친구가 시 한 수를 보내왔다.

흐린 기억의 벌판 어디쯤
아직도 매장되지 않는 추억의 살점
한 조각 유기되어 있는지
저물녘 행선지도 없이 떠도는 거리
늑골을 적시며 추적추적 내리는 겨울비
모르겠어 돌아보면
폐쇄된 시간의 건널목

왜 그대 이름 아직도

날카로운 비수로 박히는지

— 이외수 「겨울비」 중에서

시를 읽으며 내 마음은 이미 과거로 돌아가는 터널 속에서 날카로운 비수로 박히고 있었다.

그때 나는 허망하게도 마흔을 넘어 중반으로 가고 있었고 아마 겨울의 초입이었을 것이다. 겨울비가 내리고 있었는지도 모른다. 추적추적.

지금 아니면 영영 시도도 못 해보고 끝날 것만 같아 들어갔던 대학원 2학기 때였다.

야간수업이 끝난 후여서 캠퍼스는 어둠과 정적에 싸여 있었다. 대학 강의실 옆 화장실에 들어가 볼일 보고 나오려는데 아무리 잡아당겨도 문이 안 열린다. 갇힌 것이다. 귀신이 곡할 노릇이다. 화장실에 갔다가 갇힐 줄 누가 알았겠는가. 더구나 아무리 소리를 질러도 들을 사람 하나 없는 오밤중의 캠퍼스에서. 이제 나는 어떻게 할 것인가.

무섭고 절망스러운 순간, 나는 그만 죽을힘을 다해 잡고 있던 손을 놓고 말았다. 그런데 스스르, 문이 열리는 게 아닌가. 당연히 잡아당겨야 열리는 줄 알았던 문은 밀어야 열리는 문이었고 자포자기하는 심정으로 다 놓아버리니 문이 열린 것이다.

앞날이 보이지 않는 내 인생을 미리 본 것 같아 기가 막혔다. 진정이 되지 않았다. 체면을 차려야 하는 사람이 옆에 있었음에도 나는 오래 울었다. 다행히 그는 묵묵히 곁을 지켜주었을 뿐, 내게 아무것도 묻지 않았다. 그때부터 그는 내게 친구가 되어주었다.

그때의 '나'는 없었다. 어디로 튈 줄 몰랐던 나는 용광로 속처럼 들끓었다. 누구든 날 건드리면 데일 참이었다. 아무것도 이루지 못했는데 벌써 불혹이라니 나는 절망하고 절망했다.

단지 한 남자의 아내고 두 아이의 엄마이며 세 남자의 형수일 뿐, 이 세상 어디에도 '나'는 없었다. 지금 생각하면 그 대단하고 고마운 배역만으로는 살기 싫었다.

어머니 아버지의 자랑스러운 딸도 내 동생들의 듬직한 큰언니나 누나도 아니었다.

안간힘을 써가며 십여 년 동안 매일같이 그림을 그렸지만, 아줌마가 하면 뭘 얼마나 하겠냐는 비아냥거리는 소리를 코앞에서 해대는 수모를 견디면서도 아무런 말도 하지 못했다. 그 말이 맞았으니까. 무식하다는 말에 어떤 것으로도 반박할 수 없었다. 맞는 말이었다. 나는 그저 손으로 그림 그리는, 그것도 실력 없는 그림 기술자에 지나지 않았다.

동양미술론에 대한 책을 한 40권쯤 읽으면 내 작업에 대한 이론

적 근거를 찾을 수 있겠지, 싶었다. 그냥 읽기만 할 게 아니라 정리를 해보고 싶었고 그러려면 논문 한 편이라도 써야 했으므로 대학원에 들어갔던 것이다.

쌀독 밑바닥이 보이면 쌀 살 돈 달라는 말도 편하게 하지 못할 만큼 사업이 힘들어진 남편은 꼭 지금이어야 하냐고, 아이들을 얼추 키워놓고 해도 늦지 않지 않냐며 나를 회유했지만 지금 못 하면 그때는 더 할 수 없을 거라며 들어간 대학원에서도 앞이 안 보이긴 마찬가지였다. 첫 수업에서 아줌마가 이 나이에 대체 뭐 하려고 여길 들어왔냐는 교수의 진지한 질문을 받았으니까.

고집대로 동양미술론으로 논문을 썼고 석사학위는 내게 생각지도 않게 강의 자격을 선물해 주었다. 실기강의는 재미있었고 나는 보람을 덤으로 얻었다.

세월이 흘러 운명처럼 나는 수필가가 되었고 오늘, 이렇게 글을 쓰고 있다.

옛 스승은 말씀하셨다. 인생은 새벽 풀잎에 맺힌 이슬방울 같은 것이라고, 아침 해가 떠오르면 흔적 없이 사라지는 것처럼 무상한 것이라고. 해야 할 일은 많고 그 일을 하기 싫은 그때는 몰랐었다. 그 말이 이렇게 절실하게 다가올 줄을.

일장춘몽이라더니 맞는 말이다. 누군들 안 그렇겠는가마는 다 놓고 싶을 때도 많았고 다 놓아버리면 거짓말처럼 스르르 열리는 문을 열고 살아온 세월이다.

궂은 비 내리는 이 겨울 아침에 시를 보내준 이 시인이 고맙고 이 시를 쓴 이외수 작가가 고맙고 그 옛날 왜 우느냐고 안 물어준 친구가 고맙다. 쥐뿔도 그림도 모르면서 그 그림 그려 어디다 써먹을 거냐는 말로, 내 오기를 부추겨 학위를 따게 해준 사람들이 고맙다.

그 옛날, 지금 아니면 안 된다며 억지로 등 떠밀어 글 쓰라고 강요한 선배 작가와 글 판에 끌어들인, 지금은 안 계신 집안 어르신에게 고마운 안부를 건넨다.

이들이 있어 지금의 내가 나다. 이제야 나는 내가 조금씩 좋아진다.

# 무더운 여름도 삶의 부분이다

태양열이 살을 파고든다. 바람 한 점 없는 도로에 햇살이 작살로 내리꽂힌다.

오후 3시, 살다 살다 이렇게 더운 여름은 처음이라고 투덜대며 나이 드신 언니가 참다못해 내 일터로 피서를 왔다. 열린 문으로 더운 열기가 훅, 따라 들어온다.

이 지긋지긋한 여름이 하루빨리 지나갔으면 좋겠단다. 아무리 지독한 여름일지라도 빨리 지나가면 가는 만큼 우리도 빨리 늙을 텐데, 그래도 좋으냐고 농담을 했다.

며칠 전엔 너무 더운 날씨 탓에 입맛을 잃었을 혼자 계신 어머니에게 점심 먹자는 전화를 드렸다가 벼락을 맞았다. '더운데 어덜 나가냐?'고. 덥기는 하고 기력이 없으니 느느니 짜증이다. 초여름에 에어컨을 달아드린다고 했더니 전기세가 무서워서인지, 아니면 에어컨 바람이 싫어서인지 두 마디도 못하게 하셨다. 이렇게 더울 줄 알았다면 억지로라도 달아드렸을 텐데 후회막급이다. 만나는 사람마다 첫 인사가 더위에 어떻게 지내는가이다. 심지어 어떤 이는 죽을 것 같이 덥단다.

방송에서는 연일 폭염에 온열 환자가 늘어나고 가축과 양식어류가 폐사하고 있다며 통계수치를 발표한다. 1994년 이래 가장 덥다고 한다.

아, 맞아, 1994년 여름. 무지하게 더웠던 기억이 난다. 뒤늦게 들어간 대학원 계절학기 수업을 마치고 오후 두어 시쯤 이글거리는 해를 맞받으며 한 시간여 집으로 돌아오는 길, 에어컨을 3단으로 켜도 너무 더워 속이 메슥거리곤 했다. 도저히 집으로 들어갈 엄두를 못 내고 에어컨을 빵빵하게 켠 친구네 매장 안, 사랑방으로 직행해서 벌겋게 익어버린 몸을 식혔던 기억이 또렷하다. 선풍기 2대로 버텼던 작업실엔 아예 두어 달이나 들어가지도 못했다. 친구네 집에서 수다나 떨고 시간을 보내다가 해가 지면 집에 돌아와 찬물을 끼얹고는 겨우 잠들었다가도 금방 깨어 뒤척거리곤 했다. 그때는 집에도 에어컨이 없었기 때문이다.

그저 그렇게 시간을 죽이며 여름이 빨리 가기를 바라고 바랐다. 그해 여름 나는 사는 게 아니었다. 그저 더위를 견뎠을 뿐이다. 생각해 보면 아무리 덥고 힘들어도 견디는 건 사는 게 아니다. 시간을 그냥 흘려보내는 건 삶이 아니다. 시간을 운영해야 삶을 사는 것이다.

이제 2016년 여름, 나는 아무리 지치고 힘겨워도 내 몫의 삶을 직시하고 싶다. 충실하게 살아내고 싶다. 적어도 그 여름처럼 허망하게 그냥 흘려보내고 싶지 않다. 아침밥 준비하며 땀 흘린 후에 냉수욕을 하고 출근 전에 다시 한번, 퇴근하고 찬물을 끼얹으면 그럭저럭 괜찮다. 차가운 물이 전신에 흘러내리는 감촉을 몇 년 만에 느껴보는 느낌도 시원하고 찜질방 같은 차 안에 들어가 뜨거운 핸들을 잡는 일도 별로 나쁘지 않다. 다행히 여름 감기도 걸리지 않고 심한 배탈도 나지 않았다. 신선놀음에 도낏자루 썩는지 모른다더니, 너무 더워 사람이 오지 않는 매장 한쪽에서 에어컨에 선풍기까지 켜놓고 자잘자잘한 부채그림을 100여 개나 그리며 잘 놀았다. 그려놓으니 선물할 데가 생겼다. 모처럼 귀국한 당숙을 보러 서울 가는 길에 울타리 같은 친구들도 만나 선물하고 당숙 당고모 대가족한테도 맘껏 나눠드렸다. 세상에, 내가 언제라고 이렇게 푸지게 뭘 선물해본 적이 있던가. 기분이 좋았다.

그렇게 무더운 여름을 잘 살아내고 이제 말복이다.

머지않아 가을이 오고 또 겨울이 올 것이다. 그러나 나는 추운 겨울이 빨리 지나가기를 바라지는 않을 것이다. 기상청이 생기고 가장 덥다는 이번 여름을 천천히 향유하듯 말이다.

시간이 흘러 2022년 여름이다. 늘 그렇지만 올여름은 유난히 후텁지근하고 습해 기분까지 우울하다.

오랜만에 부채를 샀다. 빨강, 연분홍, 연파랑, 군청, 록색의 부채는 볼 때부터 좋다. 색을 맞춰 매화, 소국, 소나무, 등, 능소화, 나무숲을 그렸다.

한때는 아들의 등록금을 보태주고 행사의 기금마련금을 만들어 주었던 부채그림이 이젠 주위의 나를 위로해 주고 힘이 되어준 분들에게 산뜻한 기분전환의 선물이 되기도 하고 위로와 신선한 바람을 일으켜주기도 한다. 행사에 행운권 추첨으로 5점, 미국에서 다니러 온 선배의 언니들에게 5점, 교회에 10점, 하다 보니 몇십 점이 금방이다. 그러다 보니 벌써 말복이고 아침저녁으로는 제법 선선하다.

이 부채 바람이 안 좋은 기운이나 조짐들을 시원히 날려버렸으면 싶은, 말도 안 되는 기대지만 나쁘지 않다.

# 누구나 한 대목,<br>사치스런 경향이 있다

아무리 아껴 쓰고 검소한 사람이라도 자기가 좋아하는 어떤 것에 사치스런 경향이 있다. 우리 부모님만 보더라도 가난한 살림에도 불구하고 아버지는 10대가 넘는 카메라를 가지고 계셨다. 그럼에도 늘 신형 카메라에 대한 갈증이 있었고 어머니는 최고급 음식 재료를 샀다. 보통의 남자들은 대개 자기 수준에 넘치는 고급 차와 시계에 목숨을 걸고 여자들은 주로 고급 가구나 그릇에 혼을 빼겨 과다한 지출을 감행한다. 그러다가도 어느덧 나이가 들면 시들해지기도 한다.

오래전 일이다. 평소에 거의 왕래도 없고, 오다가다 만나게 되면 목례나 하는 옆집 부인이 차 한잔하자며 자기 집으로 나를 초대

했다. 나는 의아할 수밖에 없었다. 차 한잔하자는 말은 대화를 나누자는 말이고 그 여자와 나는 어떤 걸로 보나, 공통점이 없을 듯싶어서였다. 어쨌든 나는 복도식 아파트의 옆집 현관문을 열었다. 405호나 406호나 같은 구조의 내부에 호기심이 있을 리 있겠는가마는 거실을 한눈에 훑어보며 익숙하게 주방 식탁 쪽으로 걸음을 옮기는데 열어놓은 안방에 떡하니 앉아있는 자개장롱이 집안의 다른 가구와는 전혀 어울리지 않게 거하다. 아하, 저거였네. 저 온통 자개로 뒤덮여 있는 장롱을 자랑하고 싶었구나, 짐작이 되고도 남았다.

따끈한 커피 한 모금을 마시고 난 뒤, 나는 장롱이 참 멋지다며 말을 꺼냈다. 여러분도 자개장에 대해 말하는 그 여자를 봐야 했다. 누가 어떻게, 어떤 자개로, 얼마나 많은 공을 들여 만들었는지를 끝까지 들었어야 했다. 부인의 소원을 들어준 자기 남편이 얼마나 고마운 사람인지를 길고 길게 얘기하고 있는 그 여자의 꿈꾸는 듯한 표정을 봐야 했다. 나는 그저 "아, 그렇구나." "정말 근사하네요."라는 추임새만 넣어주면 되었다. 그는 나한테 말하는 중에도 동백기름 수건으로 농을 닦고 있었다.

장롱은 그저 옷을 편하게 보관할 수 있고 벽지 색과 어울리기만 하면 괜찮다고 생각해온 나는 어지간한 집 한 채 값을 주고 좁은 안방에 꽉 차게 들여놓은 장롱 덕분에 그렇게까지 행복할 수 있는지 도무지 이해가 되지도 않을뿐더러 그 돈을 얼마나 가치 있게 쓸

데가 많은지 한심하기까지 했지만, 그는 내가 아니었다.

오랜 시간이 지났는데도 누군가 이해하지 못할 사치스러운 행동을 하면 버릇처럼 그 지나치게 검소하던 부인의 사치한 장롱이 떠오른다. 너무나 자개가 많이 박혀 어지러울 정도의 장롱이.

옷이란 그저 남한테 혐오감을 주지 않으면 되고 여름엔 시원하고 겨울엔 따뜻하기만 하면 된다고 생각하는 동네 언니가 있다. 특별한 경우를 제외하고는 다른 사람 옷을 잘 물려받아 입는다. 그러니 그 언니에게는 옷 사 입는 돈이 제일 아까울 수밖에 없을 것이다. 패션 감각은 그리 좋은 편은 아니지만 머리도 좋고 경우도 똑바르다.

생계수단으로 나는 옷가게를 열어야만 했다. 별다른 재주도 자본도 없으니 달리 돈벌이할 만한 것이 없었다. 평소에 옷 골라 달라는 부탁을 자주 받아 들어준 경험만 믿고 난생처음 장사를 시작한 것이다. 신앙심이 좋은 언니는 내 걱정을 많이 하며 장사가 잘 되기를 빌고 또 빌며 시간만 나면 자기 집 옆에 있는 내 가게에 들러 놀다 간다.

마침 언니가 앉아있을 때 어떤 손님이 이것저것 입어보고 서너 가지 옷을 고르고 있는데 느낌이 싸하다. 아니나 다를까, 그 손님을 쳐다보는 언니의 눈초리가 수상하다. "에고, 이런 속물, 얼마나 속에 들어있는 게 없으면 그렇게 비싼 옷에 많은 돈을 처들이냐?"

고 비웃고 있는 것처럼 보이는 것이다. 저를 예뻐하는지 미워하는지 강아지도 아는데 하물며 사람이 모를까. 그 손님은 어영부영하더니 다음에 오겠다며 휭 나가버린다. 머리 허연 할머니가 자기를 빤히 쳐다보며 속 빠진 사람 취급을 하니 무렴하기도 했을 것이다.

"언니, 그 여자 속물이라고 흉봤지?"

"응." 언니는 참, 순하게도 대답한다.

"도저히 이해 못하겠지? 나도 그런 적 있었어."라면서 오래전 장롱을 자랑하며 행복해하던 그 부인에 대한 얘기를 시작했다.

어떤 사람에게는 옷이란 언니처럼 그저 최소한의 예의나 추위를 막기 위한 수단이 아니다. 피폐된 정신을 낫게 하는 약이고 밥이고 노래다. 자기의 인격이다. 자기를 표현하는 수단이다. 자아를 찾는 행위다.

마음에 드는 옷을 얻기 위해 남편에게 아부하기도 하고 한 달을 죽도록 일해 벌어 모은 돈을 한꺼번에 쓰면서 속이 시원해하기도 하고 심지어는 외상으로라도 저질러보기도 하는 것이다. 씩씩거리며 가게 문을 열고 들어오는 손님을 보면 짐작이 간다. 남편과 한바탕 싸우고 난 후, 한 푼이라도 아끼고 아끼며 살면 뭐하나, 자기 자신에게 한없이 인색했던 걸 후회하며 덜컥, 꽤 비싼 돈을 지불하고 옷을 사며 스트레스를 한 방에 날리기도 하는 것이다.

나는 그런 이들에게 가장 잘 어울리는 옷을 골라 입을 수 있도록 도와주는 조력자다. 그들의 몸에 그림을 그려주는 화가다. 화사하거나 우아하거나 발랄하거나 세련된 옷차림새로 갈아입은 그들의 행복한 모습을 보며 나도 기분이 좋아진다.

혹 그들이 어떤 한 대목, 그게 옷이든 가구든 보석이든 조금 과하게 지출한다 해도 나무라지 마시라. 사람은 누구나 몇 번쯤 말도 안 되는 사치를 부려보고 싶을 때가 있으니까.

2018. 3.

# 유년의 기억

내가 태어난 해의 동짓달이었다. 연년생으로 터를 판 탓에 모유를 못 얻어먹고 영양실조에 걸려 죽은 듯이 누워있는 나를 두고 동네 아주머니들이 '섣달이 둘이라도 못 살겠다.'며 수군거렸단다. 어렵사리 구한 우유를 아무리 먹이려 해도 도무지 먹지 않고 애를 태우던 나를 어머니는 외가에 데려가 큰외숙모의 젖을 물려 겨우 살려냈다고 했다.

그래서 그런지 외숙모가 엄마같이 좋았다. 방학만 하면 외가로 내달았다. 외갓집은 번듯한 기와집이었지만 외할아버지가 세상 뜨신 후, 가세가 기울어서였는지 몰라도 퇴락한 집은 어쩐지 쓸쓸한 정감을 풍겼다.

나는 줄곧 소도시에서 살았다. 삭막한 풍경 속에서 딱히 고향이라고 느낄 만한 정서적 여유를 갖지 못했으므로 외가가 있는 시골이 좋았다. 여름엔 냇가에서 다슬기를 잡다가 멱을 감기도 하고 겨울이면 토끼몰이하는 삼촌을 따라 하얀 눈 덮인 동네 뒷산기슭을 쏘다니기도 했다. 시골의 산과 들, 그것들이 풍기는 냄새, 공기, 따끈한 온돌을 좋아하지만 평생을 여전히 삭막한 콘크리트 벽에 갇혀 살아야만 했다.

그나마 유년의 기억이 꺼칠하거나 남루해지지 않을 수 있는 것은 시골에 있던 외가와 이모네를 들락거리며 사촌들과 쏘다니며 보고 느끼며 뒹굴던 들녘 풍경들이 내 안에 있기 때문일 것이다. 동네 입구에 있던 엄청나게 커다란 바윗돌(동네사람들은 그 위에 고추나 빨래를 펴 말렸다.), 어두운 그림자를 드리우던 정자나무, 하얀 모래가 햇빛에 반짝거리던 맑고 너른 냇가가 지금도 내 눈에 선하다.

맵싸한 겨울을 보내고 난 2월 하순 무렵, 들녘의 새벽공기는 아직 쌉쌀했지만 상큼했다. 늦잠꾸러기인 나는 어쩌다 일찍 눈이 떠질 때면 일 없이 논길을 걸었다. 머리가 맑고 개운했다. 부지런한 농부는 벌써부터 논에 나와 지난 추수 끝의 어지럽혀진 논을 정리하고 해충을 없애기 위해 불을 놓아 묵은 짚을 태웠다. 무성영화처럼 조용히, 하얀 연기가 바람의 방향을 따라 낮게 깔리고 알싸한 냄새가 땅을 적시며 퍼져나갔다. 아! 그 아련한 짚불 타는 냄새. 이 모든 풍경이 고요하고 맑은 흑백사진처럼 기억되어진다. 어젠 듯 느껴진다.

논바닥은 태워지고 말끔하게 갈아엎어졌다. 벼를 품기 위해, 물이 찰랑찰랑 채워지고 어린 모 사이로 우렁이와 개구리가 같이 살았다.

새 생명은 그리 품어 키워지고 그렇게 생산된 쌀은 사람을 키웠다.

태워지고 갈아엎어지지 않고 품어지는 생명이 어찌 있으랴.

당신 자식 밀쳐내고 죽어가는 젖먹이 어린것을 몇 달씩 품어 안아 살려낸 나의 외숙모. 나는 다 커서도 외롭고 아프면 외숙모를 찾았다. 뜨듯한 부뚜막에 앉아 외숙모가 끓여주는 김치국밥을 먹고나면 몸도 마음도 풀렸다.

실로 오랜만에 외숙모가 전화를 하셨다. 별로 멀지 않은 곳에 계시는데도 작년에 찾아뵙고는 처음이다. 한동안 그 어른을 잊고 있었다. 참 무심하기도 하지.

친척들의 이런저런 소식들을 전해들으며 참 따스해졌다. 알싸한 연기냄새를 맡으며 좋았던 유년의 기억처럼.

# 어른으로 산다는 것은

선생님이 돌아가셨다. 더러 좋아졌다고도 하고 지난여름 동인 모임에서 뵐 때 기운은 좀 없어 보였지만 술 한 잔 못하는 거 말고는 괜찮다고 하셔서 나을 수도 있겠거니, 그리 쉽게 무너지시지는 않겠거니, 무모한 희망을 품었었다. 가을 접어들어 힘들어하신다는 소식에 뵈러 간다고 날짜 잡고 마음만 추스르다가 결국 돌아가셨다는 연락을 받고는 가슴이 철렁 내려앉는다. 그래도 산 사람은 할 것은 다 한다. 무거운 마음으로 4시간짜리 강의를 마치고 장례식장으로 향했다. 영전에 분향을 하는데, 눈물이 왈칵 쏟아진다. 그럴 것 없다며 선생님은 사진 속에서 여전히 따스한 시선으로 나를 바라보신다.

"이런 그림이라면 나도 작품에 대해 할 말이 많을 것 같네."

내 개인전 작품을 죽 둘러보더니 빙긋 웃으시며 하는 말씀이다. 선생님은 아무리 사례를 많이 한다 한들, 아니다 싶으면 절대로 작품 평을 쓰지 않기로 소문난, 깐깐하기 그지없는 문학평론가시다. 그런 분이 먼저 제의를 하시다니, 기회를 놓치겠는가.

딴엔 아무리 평론을 잘한다 해도 나를 전혀 모르는 분한테는 평을 받지 않는 게 나만의 철칙이다. 내가 누군지도 모르는 사람이 작품의 배경도 모르면서 내면까지 뽑아낼 수는 없을 테니 말이다.

“제가 부탁드리면 써주시겠다는 말씀이죠?”

저금해 두듯 나는 못을 박았다. 나는 선생님의 평을 아끼고 아꼈다.

몇 년 후, 전에 써주시기로 한 약속 아직 유효하냐며 화문집의 평설을 부탁드렸다. 화문집 출판기념 개인전 개막일 전에 책이 나와야 했으므로 마감 날짜가 매우 촉박했지만 그런 것쯤은 별것 아니라는 듯 괘념치 않으셨다. 겨우 보름 남짓 여유 중에 이사까지 해야 했음에도 마감 날짜에 맞춰 작품해설 원고를 끝냈으니 아마 밤잠을 설치셨을 것이다. 그때는 내 일이 바빠 떼쓰듯 졸라댔지만 생각하면 참 송구한 노릇이다.

선생님은 내게 끝도 없이 넉넉하셨다. 지금 생각하면 나는 무지하기 짝이 없었고 무지했으니 용감했다. 원고를 급하게 써달라는 청에 한술 더 떠 말도 안 되는 제안을 했고 선생님은 그걸 너그럽게 받아들여 대폭 수정한 원고를 다시 보내주셨다. 철딱서니 없는 후배의 어리광이라고 웃어 넘겨주셨을까. 아니면 저돌적인 용기와 안목을 가졌다고 높게 보아주셨을까. 지금이라도 술 한 잔 대접하며 그 일에 대해 진솔하게 얘기를 나눌 수 있으면 좋을 텐데, 선생님이 안 계신다.

계획대로 책이 나오자마자 선생님은 작가 몇을 합석시킨 자리에 나를 불러 정감 넘치는 출판기념 파티를 열어주셨다. 작품해설을 써준 기념으로 모임을 주선하신 것이다. 나는 그날 집에 돌아올 때까지 단 한 푼의 돈도 쓸 수 없었다. 평론을 써주고 받은 사례비는 당신 몫이 아니라는 게 선생님의 지론이다. 선생님은 내 형편을 헤아려 사례도 받지 않으셨다. 당신의 사비로 마련한 자리에서 선생님은 내 책의 문장, 그림, 편집을 칭찬하며 아주 신바람을 내셨다. 참 좋았던 그때의 술맛이 가끔 나를 따뜻하게 감싼다.

출판기념개인전 개막식에 미리 오신 선생님께 작품 한 점 고르시라 했더니 기분 좋은 몸짓으로 점찍은 그림이 「다시 고개를」 이다. 늦가을 연지의 말라버린 연잎과 줄기를 소재로 그린 30호짜리 작품이다. 연은 죽은 듯 보이지만 이듬해 봄이면 다시 살아나는 강인한 생명력을 지녔다. 지치고 힘들어 넘어진 사람들에게 다시 일어설 수 있다는 희망을 주고 싶은 내 의중을 헤아리셨을까.

선생님은 선생님도 모른 채 납작해진 내 코를 세워주기도 하셨다. 시인이며 문학평론가인 친구가 보여줄 사람이 있다며 내 책을 가지고 카페로 오라고 연락을 했을 때다. 친구는 거드름을 피우며

맥주를 마시고 있던 남자에게 내 책을 탁자 위에 올려놓으며 나를 소개했다. 글을 쓴다는 남자는 책은 거들떠도 보지 않은 채, 나를 무시하며 딴전을 피웠다. 제가 나를 모르는 거나 내가 저를 모르는 거나 마찬가지일 테니 주눅들 건 없는데 친구의 말 한마디에 태도가 싹 달라졌다. '오하근 선생님이 평설을 쓰셨다.'고 무심한 듯 툭, 던진 말을 듣고서다. 그 말을 듣자마자 그 남자는 "그래?"라며 책을 집어 들었다.

주실 때나 받으실 때나 선생님은 참 흔쾌하셨다. 나는 그런 선생님이 좋았다. 그래서 나도 선생님께 뭘 드리는 게 좋았다. 여름이면 더위를 쫓으라고 합죽선에 그림을 그려 한걸음에 달려가 냉커피를 사달라고 어리광을 부렸고 술 좋아하시는 선생님께 드릴 귀한 양주를 구해달라고 남편한테 부탁하기도 했다.

다른 사람한테 선물을 받고 당장에 갚아야 한다거나 폐를 끼쳤다고 생각하는 건 좀 못나고 어린 짓이다. 고맙게 받고 또 내가 줄 수 있는 것은 주고, 내가 받은 고마움을 내 도움이 필요한 다른 사람에게 주면 그만인 것이다, 그리고 그 사연들은 기억나지 않아야 개운하다. 그래야 골치 아프지 않고 단순하고 순수하게 살 수 있다, 선생님처럼. 그게 어른이다. 어른으로 사는 것이다.

선생님의 평설을 본다.

박미서는 모순 · 대립하는 아이러니를 글에, 그리고 화폭에 담아 그 정과 반의 갈등과 긴장을 합으로 이끌어낸다. 그래서 그 융합 · 화합의 정신으로 조화 · 통합시켜 자연 속의 삶, 혹은 삶 속의 자연을 새겨놓은 것이 이 화문집의 의미이다. 이 화문집에서 화가이면서 문인인 박미서는 그림으로 글을 그리고 글로 그림을 쓰고 있다. 우리는 그림으로 글을 쓰고, 글로 그림을 그리는 박미서의 앞날을 기대한다.

선생님의 기대를 저버리지 않아야 어른으로 사는 길일 것이다.

2018. 3.

## 부사의방 不思議房

이런저런 사정으로 하던 일을 바꾸게 되었다. 하던 일을 바꾸게 되었다는 건 아주 다른 패턴으로 일상을 보내게 되었다는 뜻이다. 이 학교 저 학교로 다니며 수업을 하고 주말이나 밤중에 그림 작업을 하던 게 일과였다면 지금은 한 장소에 정물처럼 들어앉아 나를 찾아오는 손님을 기다리는 나날을 보낸다. 동적인 생활에서 정적인 생활로 바뀐 것이다.

이 일을 시작하면서 한 3년은 그림을 그리지 않겠다고, 아니 큰 그림 그릴 공간이 없으니 그리 생각할 수밖에 없으므로 아예 붓 잡을 엄두를 내지 않는다.

시간에 쫓겨 다니느라 헐떡거리던 사람이 기약 없는 손님을 기다리며 우두커니 앉아 책을 읽거나 좁은 책상에서 손장난 같은 소품을 그리며 소일하고 있으니 그런 일들이 의미 없이 느껴지거나 시들해질 때면 질척대는 시간 때문에 지루하고 힘이 든다.

어쩌다가 이런 꼴로 앉아 있는가 싶기도 하고 창 너머로 바람에 날리는 나뭇잎을 보며 쓸쓸해하기도 한다. 햇빛 좋은 날엔 의자를 밖에 내놓고 앉아 향 좋은 차를 마시며 등을 쏘이기도 해보지만 요즘엔 미세먼지 때문에 그마저 맘껏 누려보지도 못한다.

남아나는 게 시간이다. 남아나는 게 시간이니 생각이 넘쳐난다. 생각을 버리라는데, 마음을 비우라는데, 시도 때도 없이 불쑥 과거 어느 한때로 돌아가 어린 날의 내가 떠올려지기도 하고 돌아가신 부모님 생각에 목이 메기도 하며 엊그제 친구와의 꺼림칙한 일로 개운하지 않기도 하다. 해도 해도 놓아지지 않는 자식 생각 때문에 애면글면하는 건 또 어떤가.

뒤로 물러설 수도, 앞으로 나아갈 수도 없는, 숨이 턱 막힐 것 같은 때가 있었다.

그 무렵 우연히 지방일간지에 특집으로 실린 「부사의방不思義房」이라는 제목의 글을 읽었다. 음지에 갇혀있는 강호제현들의 담론들을 강호동양학이라는 학문으로 개척해 나간다는 자부심으로 조용헌 선생이 기도터를 순례하며 쓴 글이다. 글을 읽기도 전에 먼저 깎아지른 절벽 가운데쯤에 겨우 한 사람 누울 만한 자리에 암자를 짓고 도를 닦았다는 부사의방의 사진을 보며 전율이 일었다.

부사의방은 미륵신앙의 개창자라는 진표율사가 백제유민으로 태어나 고행 끝에 도통한 내변산 마천대(지금의 의상대)의 기도터다. 그곳에 가려면 20여 미터가 넘는 높이를 굵직한 동아줄을 타고 절벽 아래로 내려가야 한다. 암자는 불타 없어지고 기왓장 몇 점과 뒷면의 절벽 1.5 미터 높이에 쇠말뚝 하나가 박혀 있는데 이규보가 기록한 '쇠줄로 그 집을 잡아매고 바위에 못질을 했다.'는 그 쇠말뚝이다. 내변산 쪽에서 바라다보면 깎아지른 절벽에 주먹만 한 암자가 대롱대롱 매달려 있는 모습이었을 것이니 그 당시 사람들의 눈에는 바다의 용이 만든 '불가사의한 방'으로 느껴졌을 만도 하다. 까마득한 절벽 아래의 풍경은 고만고만한 나무들이 우거져 잘 다듬어진 융단처럼 보여 뛰어내리고 싶은 충동이 일어날 정도이다. 실제로 진표율사는 절벽 아래로 뛰어내렸는데 지장보살이 나타나 떨어지는 진표의 몸을 받아 올렸다고 한다. 정진을 계속하자 이번에는 미륵보살이 나타나 계시와 권능을 주어 이후로 진표는 미륵불의 화신이 되어 망해버린 백제 유민의 한을 어루만져주는 구세주가 되었던 것이다. 대충 이런 내용이었다.

도 닦는 일이란 목숨을 걸고 몸이 너덜너덜해질 정도의 고행과 참회를 해야 하는 일이다. 동행도 없이 한없는 외로움과 고독을 씹으며 홀로 앞으로 나아가는 일이다.

그림 그리는 일은 일종의 도 닦는 일이다. 안고수비眼高手卑. 눈은 다락같이 높은데 손이 따라가 주질 않는다. 그림 그리는 사람의 딜레마다. 의도대로 되지 않는 그림 때문에 질질 끌려 다녀야 했다. 저 좋아서 하는 일이니 그렇다고 불평을 털어놓을 수도 없었다. 욕심을 버려야 했다. 세상이 놀랄 만한 그림을 그리겠다는 허황한 욕심을 버리려고 얼마나 안간힘을 썼던가. 그저 할 수 있을 만큼만, 반 발자국만큼만 나가자고 스스로를 다독였다.

그렇게 30년, 그림 속으로 빠져들어가다 보면 나는 없어지고 그림 그리는 붓질 소리만 사각사각 들렸다. 그 시간이 좋았다. 그야말로 무아지경인 것이다. 그저 붓 잡은 손만 움직일 뿐, 나는 없어지고 보이지 않는 어떤 강력한 힘에 의해 그려지는 듯싶어졌다. 작품이 좋은들 내가 받을 칭찬이 아니니 우쭐대거나 교만해지지 않았고 형편없다고 몰매를 맞아도 내 알 바 아니다, 그려진 결과에 대한 판단은 내 소관이 아니다, 관람자가 할 일을 내가 하지 말자고 다짐했다.

참으로 오랜만에 나는 그림으로부터 자유로워졌다.

그림 그리는 일만이 도 닦는 일이겠는가. 사람답게 살아야 하는 노력이야말로 도 닦는 일이 아니겠는가.

앞으로 나아갈 수도 뒤로 물러설 수도 없을 것 같은 절체절명, 백척간두의 '불사의방'에 서 있다고 느껴질 때엔 움직이지 말고 고행을 하든 참선을 하든 그 자리에서 마음을 비워볼 일이다. 다 내려놓을 일이다. 진표처럼 도통은 못하더라도 '한 소식' 아니, '반 소식'이라도 듣게 될는지 누가 알겠는가. 혹여 하늘에서 동아줄이 내려올지 누가 알겠는가.

# 바람의 길

산다는 것은 앞으로 나아가는 것이고 나아가려면 길을 찾아야 하고 찾아낸 길을 가는 것은 길을 닦는 일이다. 다른 사람이 만들어 놓은 길을 가는 것이 아니라 누구든 자기 자신만의 길을 도를 닦듯 닦아 나가야 하는 것이다. 없는 길을 한 걸음 한 걸음 걸으며, 만들어 나가야 하기도 하는 것이다. 그래서 그런지 지금껏 살아도 인생이란 어떤 것인지 참으로 모를 일이다.

가야 할 길이 꽉 막혀 어디로 가야 할지 막막할 때가 있다. 그게 아니다. 길이 막힌 것이 아니라 어디로 가야 할지 앞이 보이지 않는다는 게 맞다. 자꾸만 지난날을 돌이켜보게 되고, 그때 이 길로 오지 않고 저 길로 갔으면 이렇게 되지 않았을 것이라는 부질없는 후회와 낙심을 하게 되는 것이다. 긍정적이고 낙천적인 성격을 가졌다고 자부하던 자신감은 점점 스러지고 숨이 턱에 닿아 답답한 속은 지치고 지쳐 심신이 무력감에 시달렸다. 어떻든 살아야 했고 어디로든 가야만 했다.

그 무렵 우연히 제주 오름에 올랐다. 오름엔 키가 큰 풀들이 바람에 흔들리고 있었다. 자기 의지대로 흔들리는 것이 아니라 바람이 부는 대로, 바람이 열어놓은 길을 따라서 좌, 우로 고개를 숙였다 일어나곤 하였다. 바람이 거부할 수 없는 운명이라면 풀들은 운명에 순응하는 것이다. 풀들은 그렇게 살고 있었다. 한참 동안이나 나는 이리저리 누웠다 일어나는 풀들을 바라보았다. 바람은 자유의지로 풀밭 사이, 길을 열어 숲을 지나 바다로 가고 있었다.

나는 바람이고 싶었다.

바람처럼 내 자유의지로 길을 열려고 했다. 그러나 길은 뿌연 운무에 싸여 보이지 않았다. 어디로 가야 하는가. 알 수가 없었다.

내가 선택한 길이 과연 옳은 길인지, 그른 길인지 알지 못한 채 다만 직관으로 막연한 결정을 해야만 했다. 내 힘으로 할 수 있는 건 아무것도 없었다. 누구도 알 수 없는 나의 무모한 결정은 길을 가는 내내 나를 괴롭혔다. 나는 과연 잘 가고 있는 것인가.

세월이 흘러 순천만 갈대를 보러 갔다. 오름의 풀들보다 키가 훌쩍 큰 갈대가 바람에 이리저리 일렁이고 있었다. 석양을 등에 진 갈대숲을 무연히 바라보고 있자니 어쩌면 나는 바람이 아니라 그 옛날 보았던 오름의 풀이나 순천만 갈대라는 생각이 들었다. 산

낮은 구릉에서 파들거리는 가을 억새나 나무에 매달려 팔랑거리는 나뭇잎인지도. 순전히 바람의 의지대로 움직이는, 거역할 수 없는.

삶이란 성취하는 것이 아니라 내게 주어지는 선물 같은 것이라는 생각이 들었다. 갖은 애를 써서 성취했던 것들이 손가락 사이로 빠져나가 버리는 모래 한 줌에 지나지 않았던 쓰린 기억을 갖고 있지 않은 사람이 있던가. 낮아지고 낮아져야 했다.

다 내려놓고 비워낼 일이다. 비워내 가벼워지면 바람이 주는 선물을 받을 수 있을 것이다. 바람이 길을 여는 대로 가벼워진 몸을 맡기며 고마운 마음으로 갈 수 있을 것이다.

욕심 없이 그저 한 걸음씩 걷다 보면 주위의 꽃도 보고 숲도 보고 새소리도 들으며 갈 수 있겠지.

그렇게 가다 보면 혹 누가 알겠는가? 바람처럼 스스로 길을 열게 될지도.

되지도 않을 욕심을 부려본다.

# 떫은 감이 익어<br>단물이 고이듯

여고 후배가 오랜만에 고향엘 왔다. 결혼하고 처음 만나는 자리다. 후배는 여전히 화사하고 맵시 있는 모습으로 앉아 있다가 반갑게 맞이한다. 드문드문 통화로 문자로 갖은 죽는 소리 다 하더니만.

왜 안 그렇겠는가. 미학도로 서양미술의 본고장으로 유학 갔다와 여러 대학에서 강의와 작업을 하며 자유를 구가하던, 그저께는 서울에, 오늘은 나를 만나고 내일은 일본에 간다며 활기차던 사람이 경상도 내륙 어딘가에 있는 시골집에서 보수적이고 엄격한 지아비를 섬기며 살림하기도 힘들 텐데 대소가 섬기며 전실 자식들을 돌아보아야 하니 말 안 해도 얼마나 힘이 들지 짐작이 가서 내

색은 안 했지만 내심 애가 탔었다.

작업은 아주 손을 놓았단다. 하기는 평생을 해왔는데 좀 쉰들 어떻겠는가. 종일 새벽부터 뜰 가꾸고 밭매고 세 끼 식사 준비하고 청소하느라 허리 펼 새 없고 손에 물 마를 새 없이 집안에서만 뱅뱅 맴을 돌며 산단다.

그는 육체노동의 매력에 빠져있나 보다. 좋지. 정신이 맑아질 것이다. 특유의 사교적인 성격으로 그는 벌써 동네 사람들과도 친숙하게 지내고 있단다.

힘들다고 징징댔던 건 그러니까, 어리광이었구나, 적이 안심이 된다.

"선배님이 꼭 제 결혼식 사회를 봐주셔야겠어요."

부탁이 아니라 숫제 명령이다.

한 이삼 년 되었을까. 당장 만나자며 후배는 오밤중에 나를 불러내더니 겨우 보름 전에 선 본 사람하고 보름 후에 결혼하겠단다.

"이 나이에 사회를 보라니? 주례라면 몰라도. 네 후배한테 해달라고 하든지, 동창한테 부탁해!"

하도 어처구니가 없어서 말도 안 되는 소리 하지도 말라며 손사래를 쳤더니 내가 사회를 봐줘야만 자기가 잘살 수 있을 것 같다고 말도 안 되는 소리로 우겨대니 못 한다고도 못 하겠고 하자니 난감하기 그지없었지만, 결국엔 결혼생활 잘못되면 선배가 책임지라는 억지에 반강제적으로 승낙하고 말았다.

더 늦기 전에 결혼하겠다며 소개팅에 맞선에 바쁘게 왔다 갔다 하면서도 이 사람은 이래서 싫고 저 사람은 저래서 망설여진다며 마음을 못 잡던 사람이 대체 얼마나 괜찮은 사람이기에 이리도 서두르는지 몰라 그저 멍하니 바라보니 저간의 사정을 털어놓는다.

상처한 지 얼마 안 되는 신랑감을 보며 짠한 마음이 들었단다. 시골집으로 초대를 하기에 집에서 해 먹는 밥이 그리울 것이라는 생각에 나물 두어 가지, 두부 한 모, 돼지고기 반 근을 끊어 가지고 가 김치찌개를 끓여 차린 정갈한 밥상을 마주하며 정해진 짝이라고 생각했는지도 모르겠단다. 신랑감은 퇴직하기 전에 결혼해야 연금승계가 된다며 결혼식을 올리기도 전 혼인신고부터 하자고 서둘렀단다.

본인이 먼저 세상 뜰 것에 대비하여 배우자의 생계까지 염두에 두는 꼼꼼한 배려가 고마웠다. 이미 다 된 밥을 먹기만 하면 될 판에 좀 더 생각을 해보라고 초 칠 하등의 이유가 없는 것이다.

결혼식엘 가도 그저 그러려니, 사회 보는 사람이 어떻게 하는지 눈여겨본 적도 없고 여자 사회자는 물론, 아무리 나이 든 사람 결혼식이라도 흰머리가 희끗한 여자 사회자는 더구나 본 적이 없으니 후배가 참, 첨단은 첨단이다. 더구나 신랑감이 자기 지인한테 부탁할 듯도 싶으련만 부인될 사람한테 일임을 한 걸 보면 적어도 배우자를 무시하거나 비하하지는 않을 듯싶어 은근히 좋기도 했다.

기왕에 봐줄 거면 격조 있고 멋있게 진행하고 싶어 식 순서를 쓰고 화사하지만 튀지 않는 옷으로 골라 말끔히 다려놓는 등 단단히 준비를 하였다. 드디어 결혼식 날 서둘러 결혼식장으로 향했다.

오십이 넘은 신부와 회갑이 지난 신랑의 조촐한 결혼예식을 보기 위해 가까운 지인들이 일찌감치 식장으로 들어와 원탁에 자리 잡고 덕담을 나눈다. 내게 신랑을 소개하는 신부와 신랑, 둘 다 벌어진 입을 다물 줄 모른다. 신랑 왈, 복권을 탔단다. 주례를 맡아줄 목사님과 인사를 나누고 식순을 상의한 후 자리를 돌며 인사를 하니 제법 식을 주도하는 기분이 난다.

시간이 되어 식을 시작하기 전에 간략한 내 소개와 사회를 보게 된 사연을 설명하고 신랑 신부의 약력 소개를 한 후에 예식 순에 따라 진행된 식은 목사님의 축도로 끝났다. 덧붙여 신랑 신부를 중매해 주신 분을 소개하고 덕담을 끝으로 결혼식을 마무리했다.

흔히 하는 결혼식과는 좀 다른 양식의 결혼식은 화기애애하고 조용한 가운데 진행되었다. 하얀 세모시 한복을 입은 단아한 신부와 깔끔한 잿빛 양복 차림의 흰머리 신랑이 서 있는 단상은 경건하였고 예식을 한껏 품위 있게 만들었다.

사회를 잘 봐줘서 흡족하고 좋았다는 신랑 말씀을 전해 와서 "네가 잘 살면 족하다."고, 힘에 부치지 않을 만큼 참고 누리고 베풀며 여생을 보내라고 당부했다.

후배는 심심하면 징징대다가도 뜰에 핀 백합, 접시꽃과 오이, 호박, 토마토 같은 열매를 찍어 보낸다. 어제는 이발한 듯 가지런히 매달아 건 시래기 등속과 가을 숲 사진을 보내며 삭막한 환경에 지쳐 심신이 구겨져 있는 나를 기죽이고는 으쓱해한다.

며칠 전에는 새색시처럼 빨갛고 얌전한 청도 반시를 보내왔다. 익는 대로 한두 개씩 골라 먹는 재미가 쏠쏠하다.

단단하고 떫던 감이 말랑하게 익어 단물이 고이듯 후배의 삶도 그렇게 익어갈 것이다.

# 향기와 빛

'1년 만에 거두려거든 곡초를 심고 10년 만에 거두려거든 나무를 심고 100년 만에 거두려거든 사람을 심어라. 영원히 거두려거든 당신은 무엇을 심겠는가.'

벼르고 벼르던 친구네 교회에 갔다. 그가 목사가 되었다는 말이 도무지 믿기지 않았었다. 사람의 일이란 도무지 알다가도 모를 일이다.

대학 3학년 초, 제대하고 복학한 권 형이 노래를 맛깔나게 하는 걸 알게 되기엔 그리 오랜 시간이 걸리지 않았다. 시간만 나면 잔디밭이든 강의실이든 개의치 않고 통기타를 치며 노래를 불렀기 때문이다. 그가 노래를 시작하면 감정이 메마르다는 우리 공대생들은 그 주위에 몰려들어 손벽을 치기도 하고 듣고 싶은 곡을 신청하며 놀았다. 나도 그들과 어울려 노래에 화음을 넣기도 하면서 같이 놀았다. 통기타, 청바지, 생맥주가 판을 치며 '뚜아에무아'나 '라나에로스포' 같은 남녀 듀엣이 유행하던 시절이었다.

우리는 점점 노래에 빠져 본격적인 연습을 하게 되었고 전주에 있는 본대에까지 알려져 대학 축제에 초대되어 무대에 오르기도 하고 군대 위문공연을 다녀오기도 하였다. 순전히 권 형의 음악 실력에 얹혀 기타 코드 몇 개로 리듬이나 치며 어줍은 노래로 어영부영 스타가 된 셈이다. 겨우 음치나 면한 수준이지만 우리 학년에 여학생이 나밖에 없고 노래방도 없고 기타도 귀하던 시절이니 그럴 수 있었으리라.

단과대 축제 때 불우이웃돕기 음악회를 열기로 했다. 아마추어 학생가수를 섭외하고 장소를 계약하고 티켓을 만들었는데 문제는 누가, 누구한테 파냐는 거였다.

아무도 속 시원한 대책을 내놓지 못한 채 회의는 끝났다. 그러나 그냥, 가만있을 수는 없었다. 무턱대고 시청의 시장실로 찾아갔다. 어디서 왔냐는 비서실 직원의 물음에 엉겁결에 공대 여학생회 회장이라고 둘러댔으니, 통도 컸다. 여학생이라고는 전 학년에 서너 명밖에 없어 여학생회가 있을 리 없었지만 아주 거짓말은 아니었다. 아무리 작은 단체라도 단체장은 있을 것이고 나야말로 자타가 공인한 장이었으니 말이다.

마침 자리에 계셨던 시장님이 자초지종을 듣고 50장을 구입하면 되겠냐고 물었다. 천군만마를 얻은 듯 다음 행선지는 말할 것도 없이 경찰서였다. 그렇게 해서 경찰서장님이 30장, 중앙동에 위치한 서너 군데의 은행지점장님이 10장씩, 시의 유일한 기업체였던 삼양라면 공장장님이 30장을 사줘 가지고 갔던 티켓을 다 팔았던 것이다.

그러니 음악회에 온 관객은 대부분 정장 차림의 신사 숙녀였을 수밖에. 노래하랴, 1부 끝나고 빌려온 유리그릇에 화채를 내랴 출연가수들 챙기랴 뭣도 모르고 의기투합했던 기억이 새롭다. 그렇게 음악회가 성황리에 끝나고 시청 사회체육과에서 추천한 변두리 마을에 새끼돼지를 기증하기로 해서 시장님과 시 관계자 몇 분과 우리 대학 학장님, 학생회장, 여학생들이 생전 처음 가보는 그 동네를 찾아갔다. 돼지 받을 주민들과 함께 동네 마당에서 간단한 식을 하려는데 돼지새끼들이 달아나는 통에 잡으러 다니느라, 시끌벅적한 웃음판이 벌어졌다. 불과 몇십 년 전 일이다. 그때는 참 가난하기도 가난했지만 그만큼 인정도 많았다. 뭔가 해보겠다는 대학생들의 취지와 기를 살려준 사회지도층의 배려가 참 따뜻했다.

행사를 치르면서 권 형과는 날마다 붙어 다녔다. 그러나 학교를 졸업하곤 그것으로 그만이었다. 어디서 무얼 하고 사는지 가끔은 궁금했지만 각자 제 갈 길 가느라 세월을 훌쩍 건너뛰었다. 동창 모임에도 통 나오지 않던 그가 생뚱맞게 신학대학을 나와 서울, 그것도 강남의 요지에서 목회를 한다는 소식이 들려오고 몇 년 지나지 않아 내게도 연락이 왔다. 전화 몇 통화에 금방 허물없어져 귀향길에 더러 만나 묵은 얘기를 나누다 보니 이 형, 도무지 목사가 목사 같지가 않다. 목사가 목사 같지 않은, 묘한 이질감이 느껴짐과 동시에 옛 친구에게서 느껴지는 편안함이 차츰 내게로 스며들었다. 아, 이 형은 종교적 편견이 없구나, 기분이 좋아졌다.

그의 교회에 가서 예배를 드리고 싶어졌다. 그리고 오늘이다. 새벽부터 부산을 떨며 준비를 하고 차를 몰았다. 날씨가 몹시 더웠지만 별 문제가 되지 않았다. 차의 에어컨이 빵빵하게 나오고 있고 휴가철인데도 이른 아침의 고속도로는 막히지 않아 쾌적했다. 한 곳에서 수십 년 목회를 했다는 예배당을 코앞에 두고도 두 바퀴나 돈 다음에야 겨우 찾을 수 있었다. 널찍한 마당이 있는 단독건물일 거라는 내 예상을 깨고 예배당은 3층 상가의 한쪽 구석에 조그맣게 들어앉아 있던 것이다.

예배는 음악 선교를 하는 친구답게 찬양에 대한 설교로 이어지고 있었다. 칭찬도 감사도 기쁨도 찬양이며 찬양은 치유와 기적을 낳는다는 내용이었다. 율법주의를 경계하라고 전하는 그는 적어도 율법의 노예가 아니었고 율법의 노예가 아닌 게 반가웠다. 내가 간다는 기별을 듣고 그는 친구들 몇을 불렀다. 마침 매달 마지막 주는 오후예배가 없는 날이라고 했다. 교인들이 준비한 묵밥으로 소박하고 맛있는 점심을 먹고 선물 같은 휴식시간을 맘껏 누리는데 어디선가 기분 좋은 향내가 나를 감싸고 도는 것이다. 내 말을 듣더니 씩 웃으며 자기 교회엔 늘 향과 빛이 품어져 나온단다. 슬그머니 나가더니 손수 간식거리를 사오는가 하면 차를 내오기도 한다.

그는 진정 편견으로부터 자유로운 듯싶었다. 그의 몸짓이 그것을 말해주고 있었다. 잘 살아오고 있었구나, 내 친구는.

가만히 보고 있으면 위로받는 느낌의 눈빛, 음성 그리고 얼굴빛이다. 어느덧 나는 그렇게 그에게 위로받고 있었다. 괜찮아, 다 잘될 거야. 나는 서서히 나를 옥죄는 올가미에서 풀려나고 있었다. 그 올가미는 나 스스로 만든 것이었음을.

'진리가 너희를 자유롭게 하리라.' 진정 자유로운 여름날 오후의 한때였다.

# 3

# 온기를 나누다

# 마지막 보루

주말이나 주중이 따로 없는 일을 하다 보니 주말이라 해도 일찍 귀가하는 건 드물다. 그래도 어쩌다 한 번씩 일찍 들어오는 날 보게 되는 TV 드라마가 있다.

홀아버지가 고생스레 키워 이제는 각자 제 몫을 하지만 그저 제 생각만 하는 세 자식들과 여동생, 조카 내외와 한 집안에 얽혀 사는 줄거리의 드라마다. 공부 잘하고 어디 하나 빠진 데 없이 매우 잘난, 아버지의 자랑이자 자존심인 큰아들은 종합병원의 유능한 암 전문의고 딸은 대기업의 잘나가는 비서로 일하고 있다. 하지만 마땅한 일거리가 없는 막내아들 걱정에 아버지는 오나가나 마음이 편치 않다. 자식들 좋을 대로 참기만 하던 아버지가 어느 날부터 말도 안 되는 고집을 부리며 수상쩍은 행동을 한다. 그 연유가 암에 걸려 3개월 시한부 판정을 받은 것이라는 사실을 알고 큰아들은 가슴을 치며 아버지를 설득해 정밀검사를 받게 한다.

사진들을 형광판에 죽 걸어놓고 괴로워하는 유능한 의사인 큰아들, "네 아버지는 좋겠다. 너 같은 아들을 둬서…."라는 말을 환자한테 듣던 아들은 정작 자기 아버지를 살릴 길이 없어 절망하고 절망한다. 그 아들의 고통이 보는 내게 그대로 전달되어 명치끝이 아프다.

막냇동생이 서울의 한 대학병원 일반외과 레지던트로 있을 때였다. 좀 피곤하다던 오십 중반의 어머니가 지방의 종합병원에서 폐암 판정을 받았다. 망치로 머리를 얻어맞은 것처럼 충격이 커서 아무런 생각을 할 수 없었지만, 동생에겐 길이 있을 거라고, 어렵겠지만 어머니가 걸어갈 길을 알아낼 수 있을 거라고 기대했다.

곧바로 동생이 내려왔다. 병원 차트를 들여다보는 동생을 바라보는 내내 조심스러워 숨도 제대로 쉬지 못하는데 차트를 내던지고 나가버리는 것이다. 길이 없다는 것이다. x-ray 사진에 양쪽 폐가 하얗게 보여 결핵인 줄 알았던 폐 세포 하나하나마다 변종이 생겼고 이미 임파선까지 번져 손쓸 수가 없단다. 일언반구 한마디 말도 하지 못하고 그 길로 올라가 버린 동생. 외과의가 되어 살길이 막혀버린 어머니를 속수무책으로 방관해야만 했던 자랑스러운 엄마의 아들. 내 설움이 커 동생의 그 속내를 짐작이나 할 수 있었을까.

불과 13년 후, 동생이 고향에 돌아와 종합병원의 외과의로 있을 때였다. 아버지가 오토바이에 부딪쳐 응급실에 실려 갔다는 전화를 받고 불길한 예감에 휩싸인 채 허겁지겁 병원 주차장에 도착하니 동생이 어스름한 하늘을 무연히, 그저 무연히 바라보고 서 있었다. 두개골이 파열되어 손쓸 수가 없단다. 나도 따라 멍하니 하늘을 바라보았다.

외과의가 되어 어머니도 아버지도 손 한번 써보지 못하고 속수무책으로 그냥 떠나 보내드릴 수밖에 없었던 동생. 병원 응급실을 등지고 하늘을 바라보던 동생의 실루엣을 떠올리면 지금도 가슴이 먹먹해온다.

동생은 어려서부터 특별한 아이였다. 고등학교 때 고전독서회를 이끌었고 클래식 음악과 연극에도 조예가 있었다. 의대생일 때도 실력이 뛰어나 아버지의 어깨가 으쓱했었다.

그러나 세계적인 의사, 하다못해 우리나라에서만이라도 손꼽히는 외과의가 될 줄 알았던 아버지의 아들, 내 동생은 이런저런 복잡한 일에 얽혀 시골 병원 외과의로 시들어간다.

사는 건 어쩌면 신이 주신 프로그램과 자신의 결단이 엮어내는 직조물인지 모른다. 아무리 재능이 뛰어나고 열심히 노력해도 운명의 신이 비껴가면 어쩔 수 없는 게 인생인 것을.

들으면 쓸쓸해지는 흑인 영가 같은 노래를 부르는 알토 의경 언니, 뮤지컬 배우를 꿈꾸던 성악과 출신이지만 옷 장사하는 숙희, 미대 출신 화가들이 울고 갈 정도로 좋은 그림을 그리는 성님, 다들 이름 없는 별들이다. 나는 이들이 아깝다. 나 혼자 듣고 보기가 너무 아깝다.

신은 재능만 주고 자기의 재능을 알아챌 눈을 주지 않았다. 아니 열정을 주지 않았는지도. 아니, 아니다. 기회를 주지 않은 게 맞다. 다시 살 수만 있다면, 이들이 기회를 잡을 수 있을까. 하고 싶은 노래를 부르고 그림을 그리고 글을 쓰며 자기의 재능을 맘껏 살릴 수 있을까. 그러나 아까운 사람들이 어디 이들뿐이겠는가, 아깝지 않은 인생이 있겠는가.

동생도 타고난 재능을 맘껏 발휘해 여러 사람을 이롭게 하고 스스로를 이롭게 하며 다시 살았으면 좋겠다.

허황된 망상이지만 어머니 아버지를 다시 살려낼 수만 있었다면…. 아니, 망상이 아니라 미쳤나 보다. 드라마에서도 쓰지 않는 수를 부리다니, 하지만 생각인들 무엇을 못하겠는가. 나는 이렇게 미친 생각을 지치지도 않고 몇 십여 년 동안이나 심심하면 하고는 했다.

드라마가 종반으로 접어들었다. 가족들이 한 사람씩 아버지의 병을 알아채게 되고 아픈 마음을 모아 아버지의 버킷리스트를 하나씩 이뤄드리면서 줄거리가 따스하게 전개된다. 아버지의 마지막 소원이 이루어지고 아버지는 세상을 떠난다. 그러나 각자 제멋대로 살던 아버지의 가정은 그 이전의 가정이 아니다.

다행히도 내 동생에게는 건강한 가정과 형제가 있다, 인간의 마지막 보루는 가족이다.

문자를 보내는 손가락이 통통 튄다.

"명의 동생, 처방해 준 약 먹고 위염이 씻은 듯 나았어. 고마워."

# 딛고 일어서기

살다 보면 있을 수 없는 일은 없다. 날벼락 같은 일이 닥치면 그때서야 그날이 그날 같은 지루하기까지 한 나날들이 얼마나 복되고 평안한 시간이었는가를 알게 되는 것이다.

어찌 단 한 번이나 상상할 수나 있었을까. 적당히 더워 나른한 평화가 내려앉은 날, 수화기를 통해 들려온 딸의 목소리에 가슴이 쿵, 내려앉는다. 도저히 믿기지 않은 일이 벌어진 것이다. 사위의 가슴에 구멍 하나가 뻥 뚫려 피를 흘리는 게 보였다. 너무도 황망한 일이라 당장 올라가고 싶어도 그러질 못하고 전화는 더더구나 할 수가 없었다. 어떤 말도 행동도 위로가  되지 못하는 걸 빤히 알기에 그저 묵묵히 기도하는 마음으로 숨을 죽이고 있을 수밖에 어떤 일도 할 수 없었다. 누구한테 말할 수도, 자문을 구할 수도 없어 가슴만 답답할 뿐이었다. 내가 이 지경인데 당사자는 오죽할까. 다만 누구의 잘못도 아니니 사위가 자책하여 무너지지 않기만을 빌고 빌 뿐이었다. 그것은 그의 잘못이 아니었기에 부디 어떤 죄책감에 자책하지 말기만을 바랐던 것이다.

무심한 듯 지내다가도 문득문득 가슴이 아렸지만 그저 시간을 죽여야만 했다.

놀라웠던 건 딸의 행동이었다. 잘 나가던 직장에 그동안 쓰지 못한 휴가를 모조리 당겨 쓰겠다며 달 반의 휴가에 들어갔다. 진행하던 일이 끊어져 명예에 누가 되어질 것에도 개의치 않았다. 다행히 직장 상사는 고맙게도 상황을 충분히 이해해 주어 그나마 딸아이는 자기 판단을 믿고 결단을 할 수 있었을 것이다.

휴가에 들어가자마자 종일 제 남편을 돌보기 위해 칩거를 하기 시작했다. 딸아이는 날 안 닮았는지 음식 잘하는 남자 만나는 게 로망이었다. 그런 아이가 제 뜻대로 음식 잘하는 남편을 만났고 남편이 해주는 밥이 맛있다며 대신 설거지는 자기가 한다고 자랑하듯 음식 사진을 보내곤 했었다. 그런 아이가 핑계만 있으면 잘 안 하려던 세 끼니의 밥을 정성껏 차려 먹이는 것이다.

딸이 만들었던 밥은 그냥 밥이 아니었을 것이다. 그 밥은 기도였고 보약이었고 위로였을 것이다. '너는 혼자가 아니고 네 옆에 내가 있으니 너는 반드시 다시 일어설 수 있어.'라는 편지였을 것이다.

한 달이 넘게 그렇게 지내던 어느 날 딸이 전화를 했다. 어미는 목소리만 들어도 자식의 상태를 금방 알아채기 마련이다. 제 남편이 3박 4일 예정으로 기도 캠프에 들어가기로 했다며 집에 오겠다는 것이다. 몇 끼니는 해먹일 수 있을 듯싶어 무엇보다도 반가웠다. 어미가 해주는 밥 먹고 씩씩하게 걸어 나갈 수 있을 것이니.

이날따라 차가 어찌나 밀리는지 딸은 푹푹 찌는 더위에 4시간이 넘게 걸려 점심시간도 지나 기진맥진한 채 도착했다. 찬물을 끼얹고서야 이것저것 차려준 음식을 어찌나 잘 먹는지. 친정집에 와서야 숨도 크게 쉬어지는 듯싶으니 이 노릇을 어쩌랴.

"엄마, 저녁에 나하고 한잔할래?"

"좋지."

맨정신으로야 그 충격적인 심경을 어찌 털어놓겠는가. 이런저런 얘기를 하며 한 잔 마시고 속을 털어놓으며 또 한 잔 마시는 아이를 보며 "그래, 싹 다 비워 내라." 나는 기도하듯 주문을 외고 아이는 새벽 3시 넘어까지 가슴에 쌓인 찌꺼기를 토해내고 토해냈다.

서너 시간이나 눈을 붙였을까, 새벽에 일어나 밥을 해놓고 방문을 살짝 열어 보니 아이는 깊은 잠에 빠져들어 있었다. 이럴 땐 잠만큼 좋은 보약이 없지, 그깟 밥 한 끼 굶는다고 대수랴. 그래, 실컷 자고 일어나는 대로 새 힘을 얻거라. 마음이 편안하니 그동안의 긴장이 풀려 저리도 깊이 잘 수 있을 것이다. 나는 또 기도하듯 숨을 죽이며 싸 보낼 김치에 밑반찬을 만들었다.

늦은 점심 무렵에야 잠에서 깬 아이가 몸에 이로운 과일과 야채를 갈아 만든 주스를 한 잔 마시더니 가슴 답답하다며 하품을 하는 것이다. 대수롭지 않게 여기며 손을 주무르며 등을 두드려줘도 도무지 나아질 기미가 보이지 않는다. 병원에 가자고 해도 누워있으면 곧 괜찮아질 거라며 눕는 그 옆에 나도 누워 손가락을 주무르다가 소화제를 먹였더니 약에 체한 것 같단다. 고집도 어지간해야지. 그래도 병원을 안 간다니 슬슬, 걱정이 되기 시작해 급기야는 침으로 손을 따줬는데도 시원한 트림을 하지 않는다.

다음날 오전 아픈 아이를 집에 두고 강의가 있어 집을 나와야만 했다. 걱정이 되어 전화를 하니 점심 무렵에야 배가 고파 한 술 떠먹었단다. 자식은 아무리 나이를 먹어도 어미에겐 어린아이 같다더니 남의 정신으로 강의를 마치고 정신없이 돌아와 보니 딸은 비로소 핏기가 없던 얼굴에 생기가 돌고 멀쩡해졌다.

어렵사리 친정에 왔는데 푹 쉬지도 못하고 아프기만 하다가 가게 생겼다며 미안해하니 딸아이는 혼자 있다가 아팠으면 어쩔 뻔했겠냐며 엄마 옆에서 아팠으니 천만다행이란다.

딸은 어려움을 극복해가며 이미 성장해 있었고 강인한 인내심으로 무장하고 있었다. 그래, 그래야 내 딸이지.

제 집으로 돌아간 아이가 가지고 간 음식이 맛있단다. 제 남편도 잘 먹는다며 집에 갔다 오길 정말 잘했다고 문자를 보냈다. 그래,

딛고 일어서 씩씩하게 앞으로 나가는 거야. 이겨내리라고 믿는다. 아자!

긴 휴가를 마치고 딸은 출근하기 시작했다.

한 뼘 더 커진 마음으로.

# 아버지의 구두

딸아이가 카톡으로 보낸 사진을 확인하라고 전화를 했다. 무음으로 해놓고 전화기 열 때만 확인하는 내 버릇 때문에 메시지를 보냈는지 모르고 애를 태웠나 보다. 급하게 결정해야 한다며 서두른다.

B 브랜드의 붉은색과 진청색 가죽구두 사진이었다. 아빠한테 선물할 거라며 어떤 색이 좋겠냐고 물어보려는 것이다. 선물은 받는 당사자가 선뜻 고르기 힘든 조금은 튀는 색이나 디자인을 선택하는 게 좋지 않겠냐며 전화를 끊었다. 아이는 아마 붉은색을 선택할 것이다.

다음날 집에 돌아온 남편은 문 앞에 놓여있는 택배 상자를 보며, 딸이 보낸 마스크 상자일 거라고 지레짐작하며 거실 마루에 놓아

두고 있었던 참이었단다. 걸려온 딸의 영상 통화로 신발을 신어 보이며, 얘기 많이 했노라고 늦게야 집에 도착한 내게 미주알고주알, 아주 신바람이 났다. 생각지도 않은 잔재미에 10년은 젊어지겠다.

거실 문갑 위에 얌전히 놓여있는 붉은색 로퍼는 사진보다 색이 가라앉아 고급스럽고 편해 보여 캐주얼이나 정장 차림에 두루 잘 어울릴 듯했다. 그런데 그 옆에 같은 브랜드의 앙증맞은 지갑까지 놓여있는 게 아닌가. 명품이라니 꽤 큰 돈을 쓴 듯하다. 깜짝 선물값이 만만치 않았겠다.

벌써 20년도 훨씬 지난 일이다.

제법 쌀쌀한 바람이 불어 썰렁한 초겨울로 접어들 무렵이었다.

느닷없이 드는 생각에 아무래도 나이 드신 아버지가 눈길에 낙상이라도 당하시면 큰일이겠다 싶은 것이다. 기왕에 아버지 구두 사이즈를 알고 있었으므로 밑창에 고무창이 붙어있는 제법 값나가는 검정색 명품구두를 주문했다.

주문한 구두가 도착하자마자 단숨에 아버지한테 달려가 신겨드리며 아끼지 말고 신고 다니시라고, 낡아지면 또 사드리겠다니 좋아하셨던 게 엊그제 같다. 한 이틀 신어보시더니 지면에 쩍쩍 달라붙는 감촉이 빗길이나 눈길에도 안전할 것 같다며 한 켤레 더 사놓으시겠단다. 이 구두가 낡아지면 신겠다는 것이다. 갈색으로 골라 옷에 맞춰 두 켤레 번갈아 가며 신으시라고 말씀드렸다. 구두값을 주시겠다는 것을 펄펄 뛰며 말렸는데 이상한 것은 그 돈을 기어이 주셔서 받았는지, 끝내 안 받을 수 있었는지는 기억나지 않는다. 그러나 퍽 좋아하셨던 것만은 잊히질 않는다.

그러고 이듬해 7월, 아버지는 내가 사드린 구두를 신고 길을 걸어가시다가 변을 당하셨다.

천지 간에 이런 일이 어떻게 일어날 수 있는지 기가 막혀 현실감이 없어진 나는 아버지를 위해 정작 아무것도 할 게 없었다. 면회시간마다 아버지를 그저 무연히 바라볼 수밖에는.

중환자실에 누워 의식 없는 아버지를 덮고 있는 시트 밑으로 나온 아버지의 두 발이 보였다. 나는 그저 그렇게 아버지를 바라보다가, 시트를 덮어드리다가, 두 손으로 아버지의 발을 가만히 만져보았다. 그러나 어떤 일을 해도 나의 행동은 소생할 가망 없는 아버지에게는 이미 무용한 짓이었다.

신산한 생을 이고 부단하게 걸어서 막다른 길에 다다른 아버지의 발, 그 발을 감싸 안아 거친 땅을 디뎌온 아버지의 구두.

그 나흘 밤낮 동안이 40일처럼 느껴졌던 나는 아버지의 인생이, 아버지의 고뇌가 그제서야 보이기 시작했다. 아버지의 족적이, 말하지 못한 자식에 대한 '기대'가 나를 붙들고 말하기 시작했다. 왜 아버지가 이 지경이 되니 아버지의 말이 들리기 시작하는 걸까. 어리석게도.

장례를 치르고 아버지의 유품을 정리하기 위해, 본가를 찾았을 때 베란다의 한쪽에 새 구두 한 켤레가 얌전히 앉아있는 걸 나는 봐야만 했다. 아끼지 말고 신으시라고 했건만 아버지는 끝내 한 켤레의 구두는 신지 않으셨던 것이다. 아껴 놓은 그 구두를 신고 아버지는 저승길을 가셨을까.

맏이인 나는 아버지의 기대에 부응하지 못했다. 아니, 불효하게도 아버지의 기대에 대한 관심이 없었다는 게 맞다. 그야말로 나는 내 멋대로 살았다.

내 맘대로 살았다고는 하지만 아무것도 이루지 못한 채 질질 끌려가는 구질구질한 내 인생에 점점 지쳐가고 있었는지도 모른다. 하필 그때 아버지의 영혼은 떠날 준비를 하고 계셨나 보다.

아버지가 내 옆에 건재하실 때는 몰랐다. 낭만적이고 여린 감성의 소유자이지만 생활력은 너무도 없었던 그 순수하기만 한 맑은 영혼의 아버지가 나를 지켜주시는 수호신이라는 걸.

아버지는 내게 문학적 자질과 감성을 물려주셨을 뿐 아니라 이 땅의 어떤 아버지가 안 그럴까마는 생각해 보니 "그냥 이대로 말지는 않을 거다."라는 기대 하나로 맏딸을 애써 붙들고 계셨을 것이다. 아버지 없이 사는 일은 맨발로 이 거친 세상을 딛고 서서 걷는 것과도 같았다. 맨발로 걷는 세상은 쓰리고 아팠다. 생각해 보면 아버지는 내게 편하고 예쁜 한 켤레의 구두였다.

어림없는 상상을 해본다. 지금 만약 아버지가 내 곁에 계시면 색색의 구두를 사드리겠다. 그 구두를 신은 아버지랑 좋아하는 드라이브를 하며 선암사에 들러 고매화를 보고 저물녘 순천만 갈대숲을 거닐러 가겠다. 분위기 좋은 레스토랑에 가서 입에 살살 녹는 스테이크를 사드리겠다.

내 개인전 개막식 때 중앙의 가장 좋은 자리에 앉혀드리고 건배 제의를 해주시라고 떼를 쓰겠다.

한 잔의 술을 앞에 놓고 내 수필에 대한 얘기를 나누고 싶다. 나는 아버지와 얘기를 나누다가 영감이 떠올라 마음에 드는 글 한 편을 써내고는 또 아버지한테 으스대며 자랑을 할지도 모르겠다. 암말 없이 빙긋 웃으시겠지. 생각만 해도 참 좋다.

내 곁에 계신다면 그것만 해드리겠는가마는 아마 살아계셨다면 철딱서니 없는 나는 어리석게도 어림도 없을 일이다. 자식이란 늘 그런 존재다. 그러니까 자식이다.

나는 지금도 아버지의 부재가 맨발처럼 서럽고 아프다.

내가 구두를 사드릴 때의 아버지와 같은 나이가 된 내 딸의 아빠는 부디 우리 아버지하고는 달리 오래 딸의 지친 발목을 감싸주고 지탱해주는 구두, 아주 예쁘고 편한 신발이 되어주었으면 좋겠다. 부디 딸이 제 아빠를 이별하는 날이 멀리 있으면 좋겠다. 내 아버지가 내게 축복이었듯 딸도 제 아빠가 축복일 테니까.

그런데, 딸이 제 아빠의 자랑이듯 나도 과연 아버지의 자랑이었을까.

# 어떤 위로

유난히 곱던 가을이 지고 있다.

늦가을 바람을 몰고 지인들이 찾아왔다. 내가 만들어주는 향 좋은 차가 생각나 가는 길에 들렀다면서 차를 고르는 안목이 좋다고 기분 좋은 칭찬을 한다. 다르게 말하면 차 맛이 까다롭다는 뜻이기도 하다. 차 대접하기를 좋아하는 것이 아버지를 닮았나 보다. 서늘한 바람을 섞어 보이차를 우려냈다. 한 모금을 적시니 맛이 제법이다.

아버지는 차를 대접하는 게 취미라면 취미였다. 우리 집을 방문하는 손님이나 지인들은 어김없이 아버지의 차를 대접받았다. 내가 초등학교 5, 6학년이 되었을 무렵부터 밖에 나갔다 돌아오는 기척이 들리면 안방 미닫이를 열고 빼꼼히 내다보면서 들어오라셨다. 그때 벌써 내게도 차를 만들어 주셨던 것이다. 미닫이문 옆 전기곤로에 찻물을 올려놓고 찻잔을 헹궈 차를 우리는 아버지의 몸짓엔 단 한 번도 다도를 입에 올리지 않았지만, 마치 의식을 치르는 어떤 경건함마저 느껴졌다. 홍차는 꼭 얼그레이를 마셨고 커피에 크림은 전혀 넣지 않았다. 하루는 커피가 너무 써서 설탕을 넣어달라고 하니 아버지는 티스푼 끝에 설탕 몇 알갱이를 커피잔에 넣는 시늉을 하면서 "그러면 커피가 아니고 설탕국이지."라고 말씀하시며 빙그레 웃으시는 것이다. 그러니 설탕 없는 쓰디쓴 커피를 마시며 어느덧 그 입맛에 길들여졌고 그렇게 나는 어른이 되어갔다.

삼십 대 후반쯤 되었을 무렵, 그림 전시회 때문에 타이완에 가게 되었다. 필요한 게 있으면 사다 드리겠다니, 우롱차를 사오란다. 그때만 해도 나는 우롱차에 대해 잘 몰랐다. 타이페이에 도착하자마자 현지 가이드의 도움을 받아 녹차 판매점엘 갔지만 아버지가 부탁한 '엑설런트'라고 표기된 우롱차는 없었다. 다시 다음날, 물어물어 찾아간 차 전문판매점에 가서야 그 특별한 차를 구할 수 있었는데, 세상에, 무슨 놈의 우롱차 값이 전날 보았던 우롱차의 열 배가 넘는, 그야말로 값이 '엑설런트'였다. 잠깐, 아주 잠깐 망설이지 않았다면 거짓말이다. 그깟, 우롱차가 뭐라고 이렇게 비싼 돈을 주고 사야 하는지 말이다. 딱 한 주먹밖에 안 되는 어마어마하게 비싼 우롱차를 받아들고 환하게 웃으며 "고맙다."를 연발하시는 아버지를 보며 살까 말까 망설였다고 말하지 않은 게 얼마나 잘 한 일인가 싶었다. 아버지는 한참 후에도 우롱차 잘 마셨다며 자식에게 인사를 하셨다. 그렇게도 좋아하시는 거라면 더 사다 드릴 걸 하는 후회가 될 정도로.

퇴직하고 들앉은 아버지는 언제라도 내가 만나고 싶으면 만날 수 있었다. 커피숍에서 음식점에서 또는 아버지의 집에서.

아버지는 책을 읽고 음악을 듣고 매일 같이 산책을 하며 소일하셨다. 아버지의 방은 항상 어질러져 있었고 시끄러웠지만, 자세히 들여다보면 어떤 질서가 있었다. 방안에는 읽다 만 책들이 서너 권씩 펼쳐져 있고 TV에서는 AFKN이나 NHK의 말소리와 동시에, 틀어놓은 클래식 음악이 뒤섞여 정신이 하나도 없었지만, 아버지는 실로 몸과 마음이 건강하셨다.

집안에 이루 말할 수 없는 고난이 몰아닥쳤을 무렵이었다. 40여 분 거리에 떨어져 사는 여동생이 아버지를 위로해 드리려 찾아왔다. 점심을 먹고 바삐 돌아가야 한다는 걸 아버지 댁에 가서 차 한 잔하고 헤어지자며 동생을 붙잡으니 자식들한테 한꺼번에 불어닥친 폭풍우로 노심초사하던 가여운 아버지는 오랜만에 신바람이 나셨다. 아버지 목소리가 둥둥 떠서 내게 건너왔다.

"무슨 차 마실래?"

"아버지 집에 있는 차, 다요." 나는 느닷없이 나 자신도 이해가 안 되는 황당한 대답을 하고 말았다. 동생의 눈이 휘둥그레졌다.

"그래, 그러자." 아버지는 오랜만에 자식을 위해 찻물을 올리며 차에 대한 얘기를 많이도 하셨다. 그날 나와 동생은 아버지가 만들어주신 세작, 재스민, 우롱차, 얼그레이, 블랙커피를 마시고도 모자라 입가심으로 과일주스까지 한 잔 더 마시고야 겨우 자리를 털고 일어났다.

그날 나는 참, 이상하게도 유독 아버지의 차 욕심을 냈다. 어쩌면 내 영혼이 이제 더 이상 아버지가 만들어주는 차를 마실 수 없다는 걸 알아차렸는지도 모를 일이다.

그게 아버지와의 마지막 만남이었다. 며칠 후, 아버지가 내게서 갑자기 사라져버렸다. 교통사고였다.

내 영혼의 자양분이 되어 주셨던 아버지. 그 아버지를 이제는 볼 수 없다는 상실감에 아무리 나를 다독여도 좀처럼 헤어날 길이 없었다. 그런 중에도 아버지와 마지막 만나던 날, "아버지 집에 있는 차, 다요."라고 했던 내 말과 행동이 아주 조금은 위로가 되었다.

아버지가 만들어주는 차를 더 이상 마실 수 없을 테니 한꺼번에 차 욕심을 냈던 내 영혼에게, 그나마 조금은 고마운 인사를 하게 되는 것이다.

# 온기를 나누다

살아있는 것들은 누구나 온기를 지닌다.

살아있는 것뿐 아니라 존재하는 것들은 무엇이나 의미를 갖게 마련이고 그 또한 온기를 지닌다. 곁에 두고 애용하던 소지품이나 액세서리를 잃어버리고 마음의 갈피를 잡지 못하던 기억이 어디 한두 번이랴.

조카아이는 갓난아이 때부터 덮던 포대기를 어디 가나 끌어안고 가려 했다. 상당히 클 때까지도 색이 바래고 너덜너덜해진 '피대기'에 얼굴을 묻고 냄새를 맡으며 만족스런 표정을 짓곤 했다. 그 '피대기'는 조카아이에게 그저 잠잘 때 덮는 이불이 아니었다. 아이의 엄마가 낮에는 출근하느라 집에 없었다고는 하지만 퇴근 후에는 육아에 충실하였고 알뜰히 보살펴주는 할머니가 계셨는데도 조카는 그 '피대기'가 있어야만 마음의 안정을 찾았다. 새 포대기로 바꿔주었더니 어찌나 서럽게 울어대며 '피대기'를 찾는지 할 수 없이 낡은 포대기를 도로 안겨줄 수밖에 없었단다. 그러니 어찌 무생물이라고 의미가 없을 것이며 온기를 지니고 있지 않다고 말할 것인가.

하물며 살아있는 것들에야 말해 무엇 하리.

그렇지 않아도 경기가 말이 아닌 판에 메르스 여파로 불황이 극심한데다가 민심이 위축되어 바깥 활동을 자제하기도 하고 또 메르스에 노출되는 위험 때문에 대부분 준비하던 행사들을 취소하는 판이다.

우리 여고 동창회는 지난해 말부터 동문작가 초대전을 기획해 왔었다. 기왕에 시작했던 일을 그만둘 수도 없어 강행하기로 했지만 망칠까 봐 여간 걱정이 되는 게 아니다. 혼자 하는 일이라면 되는 대로 하면 되지만 여럿이 하는 행사는 여럿의 마음과 시간과 조건을 조율해야 한다. 더구나 동문들의 화합과 모교를 위한 기금 마련 미술전시회여서 많은 동문작가들의 재능기부가 있어야 하고 또 작품을 팔아 돈을 만들어야 할 뿐만 아니라 대외적으로도 모양새가 좋아야 한다. 무엇보다도 선후배들이 재미있게 일할 수 있어야 한다. 그러니 행사를 진행하며 조심스러운 마음가짐을 가질 수밖에 없는 것이다.

수입을 늘이기 위해서는 지출을 줄여야 했다. 도록을 간소화하고 소품 위주로 출품해 달라고 주문했다. 동일 작가의 작품을 저렴하게 구입할 수 있고 동창회는 기금을 만들 수 있어 작품구입자나 동창회 모두 득이 되는 행사다.

그런데 하필 이때 중동에서나 발생한다는, 먼 나라 얘기인 줄만 알았던 전염병이 들어오다니, 참 별일도 다 많다. 역시 만만한 일은 없다. 그러나 어쩌면 만만치 않으니 할 맛도 나고 할 가치가 있는지도 모른다. 더구나 세 번째 하는 행사여서 특별히 어려운 점은 없었고 각자 위치에서 맡은 일을 성실히 준비하여 드디어 개막식이 다가왔다. 총괄책임자인 동창회장이 홍보에 애를 써 행사는 성대하게 시작되었다. 내로라하는 지역의 저명인사들이 대거 참석해 행사를 빛내주었다. 그렇다고 해도 메르스 영향은 대단했다. 예전에 비해 전시장 관람객은 턱없이 줄었고 사람이 많이 안 오니 판매는 부진했다. 방문객이 적으니 운영위원들은 전시장을 지키고 앉아 속으로는 은근히 걱정하면서도 서로 다독이며 힘을 냈다. 돌아가며 시간을 내서 전시장을 찾았고 소박한 점심을 맛있게 나눠 먹었다. 그렇게 일주일간의 전시회를 무사히 마치고 작품을 내렸다.

그날 밤이었다. 도예를 하는 이 작가가 전화를 했다. 작품이 좋아 매번 매진되었던 그의 작품이 이번에는 한 점도 나가지 않아 미안한 마음으로 전화를 받으니 지인한테 한 작품을 팔았다고 전용

계좌로 입금하겠다는 것이다. 전시는 끝났고 동창회와는 상관없으니 그럴 필요 없다고 설득했지만 자기도 일조를 하고 싶다는 것이다. 30여 분의 긴 통화 끝에 절충하는 선에서 받기로 했다. 마음이 따스해져 왔다. 그래, 그래서 살맛 나는 세상이지. 재무를 담당한 김 선생이 소품 두 점을 더 팔았다. 결산을 했다. 결과는 노심초사한 대가를 셈해 주기라도 한 양 기대 이상이었다.

아무리 큰일이라 해도 마음을 같이 하는 단 너더댓 사람이면 치를 만하다. 그 너더댓 명이 서로에게 따스한 영향을 미치며 일을 진행한다. 사람들은 그렇게 어떤 사람과 만나 그들의 숨어있던 장점과 특징과 성격을 새롭게 알아가며, 색다른 경험을 하면서 어떤 것을 만들어 낸다. 그게 사는 것이다. 그렇게 살아가며, 조금씩 성숙한 영혼으로 진화해간다.

후배 회장이 넌지시 물어왔다. 자기 집에 필요 이상으로 많은 비타민C가 있는데 드실 거냐고. 설마 너무 많아 필요 없겠는가. 괜히 고마운 마음을 전하기 위한 배려인 줄 짐작했으므로 흔쾌히 잘 먹겠다고 대답했다.

한 통의 비타민C를 받아 날마다 식후에 한 알씩 먹을 때마다 나는 그의 마음을 받고 또 받는다.

살아가는 것은 그렇게 온기를 나누는 일이다.

# 야호! 드디어

야호! 드디어 집이 팔렸다.

집이 팔렸다는 건 이사를 할 수 있게 되었다는 것이다. 혹여 구매자가 마음이 바뀌어 해약하자고 할까 봐 쉿! 드러내놓고 좋아하지도, 자랑하지도 못했다. 이사 갈 집이야 돈만 맞는다면, 그리고 이 집만 아니라면 어디라도 좋았다. 변두리에 있는 아파트단지의 매물로 나온 집을 보자마자 곧바로 계약해 버리고 말았다.

어느 때부터인가 집이 싫어졌다. 인생이라는 게 본래 다 그런 거라지만 그 집에 이사하고부터 한시도 편할 날이 없었던 것 같았다. 이사하자마자 2년도 채 되지 않아 집안 전체가 쫄딱 망하고 말았다. 게다가 연이은 가족의 우환이 집안의 칙칙한 공기 탓인 것만 같기도 하고 어떤 일이 잘 안 되면 공연히 집 탓으로 돌려지게 되는 것이다. 벌써 한 5년 전에 전혀 이사할 생각이 없는 남편을 꼬드겨 부동산에, 정보지에 내놓아 봤지만 꿩 구워 먹은 소식이었다. 그런데 허실 삼아 걸어본 전화 한 통화로 닷새 만에, 계약을 하자는 연락이 왔다. 되려니 이렇게 쉽게 되는 것을.

이사 가기 3일 전, 새집엘 갔다. 앗! 십 년밖에 안 되었다는 아파트 내부가 여기저기 부서지고 내가 살던 20년 된 집보다 훨씬 더 낡아 보여 어디를 어떻게 손대야 할지 난감했지만, 그것도 내겐 별 문제가 되지 않았다.

조명과 콘센트를 바꾸고 거실은 문과 장식장의 나무와 어울리는 청회색으로, 방은 진청색과 연청색으로 도배를 했다. 부서진 데는 장식품으로 가리고 멸균청소까지 끝내고 나니 그럭저럭 말끔해졌다.

아파트 청소 아주머니께 인사를 하고 관리비 정산을 끝으로 살던 집을 떠나왔다. 감쪽같이 없어진 애용하던 신발 두 켤레의 신발 한 짝씩과 와인 병따개나 사소한 화장품 같은, 몇 가지를 찾지 못한 걸 제외하고는 대충 필요한 걸 찾을 수 있게 되었다. 잘 신던 신을 두 켤레씩이나 못 신게 된 게 좀 아까웠지만 잃어버린 신발 두 짝에다 온갖 액운을 담아 내버리고 온 듯싶어 한편 개운하기도 했다.

개인전 오픈을 며칠 앞두고 이사하느라 분주하고 정신없을 뿐 아니라 누구 하나 도와주는 사람 없이 혼자서 그 많은 일을 해야 하니 죽을 지경이었다. 웬만한 건 버리고 왔는데도 또다시 끝도 없이 쓰레기장을 오가야 했다.

그렇게 2, 3일이 지났다. 뚱하니 기분이 안 좋아 보이던 사람이 드디어 폭발을 했다. 제 마음대로 멀쩡한 집을 바꾸느라 난리를 피우며 사람 대접을 소홀히 한다는 것이다. 왜 안 그렇겠는가. 몸이 아파 한 치 앞을 모르는데 천년만년 잘 살겠다고 멀쩡한 집을 팔고 사고 온갖 수선을 떤다고 생각하지 않았겠는가. 그러니 얼마나 마음이 상했겠는가.

그러나 내 몸도 물에 젖은 솜뭉치처럼 마냥 처져 죽을 지경에, 수고했다고 치사 받는 건 고사하고 억지소리를 들어야 하니 그야말로 기가 막혔다. 아무리 하고 싶어서 한 이사라고는 해도 내 몸이 쇳덩이는 아니지 않은가 말이다. 내가 집을 옮겨야겠다고 마음먹은 건 꼭 나를 위한 건 아니었다. 멸균청소를 하고 들어가면 위생도 좋고 환경을 바꾸면 기분전환이 되어 좀 나아질 게 아닌가 하는 생각이 들어서였다.

우리 아버지는 어릴 적부터 내가 누구든 섬기지 말기를 바라셨다. 그게 아버지 당신 자신이든, 자식이든, 교회든.

하나님마저도 내게 친구가 되기를 꿈꾸셨다. 할 수 있는 한 나 자신을 자유롭게 표현하기를 원하셨다. 나 또한 문학과 예술의 세계에서 막힘없는 자유를 누리고 싶었다.

아무리 그렇더라도 발등의 불은 진화해야 했다.

왜 이사를 하고 싶었는지, 이사를 와서 얼마나 좋은지, 이 집에서 어떤 식으로 살고 싶은지 천천히 얘기하는 동안 느닷없는 눈물바람은 불을 진화하고도 남았다. 울고 싶다고 울어지는 것도 아니고 십여 년 동안 한 번도 운 적이 없던 나였다. 무너진 둑처럼 한번 터진 울음보는 사흘 내내 줄줄 쏟아지고서야 그쳐졌다. 우리 집에 다시 평화가 찾아왔다. 아무것도 하지 못하는 것에 대한 소외감이거나 많이 아프니 쳐다봐 달라는 하소연인지도 몰랐다.

만나는 아무나 보고 이사 왔노라고 인사를 했다. 청소하는 아주머니와 경비아저씨에게도 반갑다고 인사를 했다. 주차장에 차를 대고 우리 집 쪽으로 걸어가다 보면 어디선가 꽃향기가 나를 감쌌다.

어쩌면 그때부터였나 보다. 꽃 향이 하루에도 몇 번씩 나를 휘감아 도는 것이. 잊어버릴 만하면 기분 좋은 향이 나를 위로하듯 감싼다. 집에서, 가게에서, 차 안에서, 교회에서.

꽃밭 속으로 들어왔나 보다, 나는.

음식 쓰레기를 버리고 온수가 펄펄 쏟아지는 쓰레기장 공동싱크대에서 그릇을 말끔히 씻을 수 있어 얼마나 개운한지. 이사선물로 딸아이가 보내준 택배 보따리에 들어있던 수세미 하나를 살짝 가져다 놓아두었더니 쓰레기 그릇을 씻을 때마다 여간 요긴한 게 아니다. 두 달쯤 되었을까, 여럿이 사용해서인지 수세미가 낡아 너덜너덜해졌다. 새 걸로 바꿔놓아야겠다.

일이 있어 열흘 동안 집을 비운 사이 공동싱크대엔 누군가 가져다 놓은 철사 수세미가 얌전히 놓여 있었다. 참, 좋다.

추록 하나. 6개월이 지난 요즘은 아예 넓은 철망 위에 3종류의 수세미가 고루 놓여 있다.

# 아주 사소한 무엇 하나가

서울에서 고등학교를 마친 아들은 군대를 마치고 호주와 말레이시아를 거쳐 우여곡절 끝에 영국학위를 받았다. 대학원에 진학하는 대신 등록금을 가지고 혈혈단신 쿠알라룸푸르로 건너가 조그만 건축디자인 사무실을 내고 고군분투한 지 한 3년 되었을까, 갑작스레 귀국해서는 부모님이 여자 친구를 만나보고 허락하면 결혼하겠다고 한다. 중국계 여자 친구가 생겼다고 해도 만나다 말겠지 했었다.

아들 가진 어머니는 누구나 그렇듯 나도 며느리가 생기면 친구처럼 딸처럼 마음을 나누고 싶은 '로망'이 있었다. 이를테면 내려오는 가풍이나 가족들, 또는 아들의 좀 특별한 습관이나 성격에 대해 모국어로 이야기를 나눈다거나 내 작품을 읽고 보고 느낀 생각을 나누고 싶은, 그런 것 말이다. 그런데 영어로 말하고 쓰는 며느리를 허락하라고? 허리가 휘어가며 유학자금을 댔더니 말도 안 통하는 아이와 결혼하겠다고?

아무리 성에 차지 않더라도 아들의 인생이다. 아들의 성정으로 봐서 반대하면 선선히 결혼을 안 하겠지만 노총각으로 늙어갈 테니까 포기할 건 빨리, 승낙할 바엔 쾌히 승낙할 수밖에 없는 것이다.

그렇게 작정하고 나니 진즉부터 예정되어있던 일처럼 머리는 순간에 적응하고 손은 빠르게 움직였다.

"어차피 승낙할 바엔 만나볼 것 뭐 있어? 그냥 승낙할게."라며 젊을 적 디자인한 거라 아끼던 청홍 에메랄드와 루비 반지 한 쌍을 비단주머니에 싸고 수락편지를 써서 건넸다. 외국며느리 싫다는 엄마 때문에라도 숙고할 만큼은 했겠지. 흔쾌한 승낙에 좀 놀랐겠지만 어차피 아들이 행복하다면 더 바랄 게 무어 있을 것인가. 은근히 부아가 났지만 며느리에 대한 기대나 바람을 내려놓기로 했다.

받아놓은 날은 빨리도 온다. 혼서지를 쓰고 미리 맞춘 신부 한복을 싸고 하얀 악어 문양의 핸드백에 커다란 원형 화이트오팔반지를 예물로 넣어 납폐의 예를 갖추니 아들 장가보내는 실감이 났다. 6시간이 넘는 비행 끝에 드디어 목요일 한밤중에 쿠알라룸프르에 도착했다.

금요일 오후에 상견례, 토요일 결혼식을 치르고 일요일 아침이다.

오전에 새 며느리와 아파트 단지 내에 있는 노천풀장에서 수영을 하고 오후엔 아들네 집에서 별로 멀지 않은 사돈댁에서 티타임을 갖고 저녁엔 연어회에 불고기, 잡채와 와인을 곁들인 조촐한 저녁상을 차렸다. 덕담과 기도로 만찬을 끝내고 월요일 새벽 공항으로 향했다. 이렇게 번갯불에 콩 튀겨 먹듯 4박 5일의 결혼식 일정이 끝났다.

벚꽃이 흐드러진 봄 아들네가 한국으로 신혼여행을 왔다. 여름옷밖에 없는 아들은 제 아버지의 옷을 입고 며늘아기는 내 옷으로 갈아입고 집에서 며칠 머물면서 전주한옥마을과 미륵사지를 둘러보고는 제주도 다녀와서 또 며칠 같이 지내는데 새 며느리는 인상이 좀 고약해 보인다는 나를 도무지 어려워하지 않는다. 뭐든지 해주는 대로 잘 먹고 피곤하면 아무 때나 잠도 잘 자면서 굳이 잘 보이려 애쓰지도 않는다. 하도 편안해 보여 노상 같이 살던 식구 같은 아이가 저녁을 먹고 나더니 슬그머니 내 어깨를 주무르기 시작하는 게 아닌가. 어떻게 하나 보려고 짐짓 가만히 있자니 아예 엎드리란다.

힘들 듯싶어 "스톱!" 하자니 화난 사람 같고 "애썼네."를 "탱큐!"로 하자니 아무래도 그건 아니다. 싱겁다.

에라 모르겠다. "그만 해. 애썼어. 이 조그만 손이 고생했네." 손가락을 만져주며 그냥 우리말로 했더니 알아듣는 눈치다. 배시시

웃는다.

이 세상 넓은 천지에 어떤 인연으로 엮이어 생판 모르는 곳에서 살던 아이와 가족으로 만났는지 생광스럽기만 하다. 이런 내 마음을 어떻게 전하겠는가. 느끼면 느끼겠고 모르면 할 수 없는 일이지.

그 아이에게 해주고 싶은 말은 영어사전에도 없는 말이 태반이었다. 며칠 동안 그 아이와 나는 어쩔 수 없이 언어의 절약법을 써가며 지내야 했다.

말이 통하지 않는다고 해서 마음이 안 통하는 건 아닌 것이다. 반찬 만드는 걸 배우고 싶어 하면 그저 만드는 걸 보여주며 간을 보게 하였고 예쁘면 만져주었다.

그렇게 우리는 무언의 많은 말을 나눴고 아들 내외는 저희 집으로 돌아갔다.

다시 우리 부부만 남았다. 아침밥을 지으려는데 싱크대 위에 조그만 철망이 달려있고 그 안에 수세미가 들어있었다. 쇼핑하러 마트에 간다더니 며느리가 사다가 달아놓은 모양이다.

싫든 좋든 밥할 때마다 수세미 망을 볼 수밖에 없고 볼 때마다 그 아이가 생각난다. 보송보송한 수세미를 꺼내 설거지를 하고 탈탈 털어 망에 넣는다. 아주 사소한, 선물도 아닌 무엇 하나가 아침저녁으로 내게 안부를 물어온다.

# 남편의 눈물

내 남편은 눈물이 많다. 무슨 남자가 그리도 눈물이 많은지, 하도 잘 우니 반대로 내가 점점 눈물이 없어져 버렸다

남편의 눈물을 처음 본 것은 난산 끝에 딸아이를 출산하고 기진맥진해져서 누워있을 때였다. 입원실 창밖을 바라보며 울고 있는 남편의 뒷모습을 보며 아마도 작고하신 시어머니 생각이 난 게라고 짐작하고 말았다. 하나 자다가 언뜻 눈을 떠보면 한밤중에 새근새근 자고 있는 갓난아이를 내려다보고 있는 남편의 모습에 그게 다가 아니라는 생각이 들었던 것이다.

고등학교 입시경쟁이 아무리 치열하다 해도 합격할 정도로는 성적이 괜찮았던 아들이 커트라인에 걸려 떨어진 걸 확인한 남편은 한참이나 수도꼭지를 틀어놓고 눈이 빨개지도록 울었다. 떨어

진 아이는 어쩌라고 그렇게 울 일인가 말이다. 코 빠뜨리고 제 방에 박혀있는 아이에게 "고등학교 떨어졌다고 인생이 끝난 게 아냐!"라며 스키장으로 등 떠미는 것으로 나는 무거운 기분을 무마하고 말았다.

여기까지 들으면 혹자는 남편의 인상이 아주 여릿하게 생겼거나 유순하게 보일 것으로 짐작할 듯싶으나 천만의 말씀이다. 신혼 초 친구가 놀러 와서 남편을 보더니 무서워 어떻게 같이 사냐고 물어볼 정도였다. 숯검정 눈썹이 치켜 올라가 아닌 게 아니라 인상이 좀 강해보이기도 했을 것이다. 지금은 세월의 더께가 얹혀 인상이 그나마 좀 부드러워졌지만 그때까지만 해도 남자답게 생기다 못해 군인이나 경찰일 것만 같은 인상이니 그리 생각하는 것도 무리는 아니었다. 더구나 수틀리면 가만 안 있을 뿐 아니라 누구라도 비겁한 짓을 하거나 바르지 못하면 쥐뿔도 없는 사람이 죽어도 그 꼴을 못 보니 강성은 강성이다. 따지고 보면 약한 사람한테는 한없이 약하고 강한 사람한테는 더 강한 사람이 남편이다. 그런 사람이 걸핏하면 눈물을 줄줄 흘린다면 누가 곧이 듣겠는가 말이다.

나이 들어가며 몸도 마음도 약해져서인지 눈물이 더 많아졌다.

쿠알라룸프르에서 살다가 오랜만에 다니러온 아들이 "내일이면 아들 가네요."라며 제 아빠의 팔을 만졌더니 갑자기 눈물을 흘려 아들을 당황하게 만드는가 하면 다큐 프로의 학대받는 아이를 보거나 감성적인 노래를 듣다가도 눈이 빨개지는 것이다. 심지어는 말다툼을 하다가도 약 오르면 운다. 남편의 눈물 앞에 할 수 없이 나는 꽁지를 내려야 한다. 좀 너무하다. 그러나 속수무책으로 나오는 눈물을 자기도 어쩌겠는가. 말린다고 되겠는가마는 정신건강에는 좋을 수도 있으니 내버려두기로 했다.

말레이 항공 비행기가 상공에서 갑자기 사라져버린 사건이 있은 직후 갑작스레 아들이 귀국했다.

"어머니, 만약에, 만약에 말예요. 그 비행기에 내가 탈 수도 있었잖아요. 혹 그런 일이 생기더라도 너무 슬퍼하거나 상심해서 어머니 아버지의 삶이 피폐해지지 않았으면 해요. 저는 지금까지도 충분해요. 어지간히 하고 싶은 일 다 해봤고 누릴 만큼 누렸으니까요. 그 말씀 드리려 부랴부랴 왔어요."라는 것이다.

그 말을 아빠한테도 하고 싶지만 차마 못하겠단다. 만의 하나 그런 일이 생기면 그때 아빠한테 전해주란다. 아들의 말을 들으면 보나마나 남편은 또 걷잡을 수 없이 울 것이 뻔하다.

아들이 쿠알라룸프르에서 결혼식을 했다. 번갯불에 콩 튀듯 아들의 결혼식을 치르고 나흘 만에 집으로 돌아오기 위해 공항에서 아들 내외와 작별을 했다.

"잘 살아라."

아들과 며느리를 안아주고 입국장으로 들어서는데 느낌이 이상해서 돌아다 보니 남편은 또 울기 시작한다. 한국으로 신혼여행을 오는 아들 내외를 금방 다시 만날 텐데도 말이다. 아예 손수건으로 얼굴을 닦는데 눈물이 줄줄 흐른다. 뭐라고 말해 봤자 피차에 무렴할 듯싶어 고개를 돌려 못 본 척 했다.

우리가 타야 할 비행기의 게이트는 8번인데 이게 웬일인가. 6번까지 순서대로 잘 나가던 게이트가 6번 다음에 9번으로 건너뛰어 있는 게 아닌가. 아무리 눈을 비비고 다시 봐도 8번이 없다. 이리 뛰고 저리 뛰고 온 길을 되돌아가보니 7번 게이트는 있는데 8번이 빠져있다. 이러다 비행기 놓치겠다 싶어 허둥대며 무작정 앞으로 뛰어가다 보니 참 별꼴이다. 11번 옆구리에 8번이 살짝 숨어있는 게 아닌가. 그야말로 혼비백산이다. 가까스로 비행기에 올라 자리를 잡고 앉아 남편을 보니 언제 울었는가 싶게 눈물은 쏙 들어가 버리고 가쁜 숨을 몰아쉬고 있다. 슬그머니 웃음이 나왔다.

엉엉 울다가, 길을 잃고 헤매며 뛰다가, 한숨 돌리고 간혹 웃기도 하는 게 인생인가 보다.

그러니 울고 싶으면 울기도 하고 웃음이 나면 웃을 일이다.

생전 낮잠이라고는 모르던 남편이 잠을 잔다. 옆으로 누워 오그리고 잠들어 있는 모습을 보고 있자니 몇 년 전까지만 해도 산 같이 넓고 강인했던 남편의 등판이 너무나 허술해 보인다. 팔을 잡히면 꼼짝달싹 못하고 항복을 선언해야 했던 내가 이젠 그를 업을 수도 있겠다. 숨소리마저 허약하다. 한 세월 숨 가쁘게 돌고 돌아 달려온 아프고 고단한 인생이 잠을 잔다. 세 동생의 형이, 두 아이의 아버지가, 한 여자의 지아비가, 이 땅의 늙은 남자 하나가 쓸쓸히 낮잠을 잔다.

생각지도 않게 눈물이 핑 돈다. 목이 멘다. 흉보다 닮는다고 어느새 나도 남편한테 눈물이 전염되었나 보다.

## 자식 이기는 부모 없다

외고를 가겠다고 우겨 제 이모네로 유학 보낸 아들이 내려왔다. 1학년 학기 말, 겨울비가 추적추적 내리는 오후였다. 작업실로 쳐들어와 테이프를 트니 애잔한 선율이 흐른다. 자기가 만들었단다. 어라, 이 녀석 봐라, 이런 재주가 있었네. 순간 머리가 빨리 회전하기 시작했다. 음악 하고 싶으냐고 물었더니 많이 하고 싶단다. 세 가지 약속을 하면 음악 하는 걸 허락하겠다고 했다.

첫째 음악 한답시고 대마초 같은 마약 하지 않을 것, 둘째 처자식 부양할 만큼의 수입이 생길 때까지는 결혼하지 않을 것, 셋째 최저 생계비는 지원할 테니 한 십 년쯤 하다 정말 하고 싶은 게 아니라고 음악을 그만두지 않을 것, 아들은 신나서 약속했다.

어찌어찌해서 군대를 다녀온 후 유학을 떠난 지 한 1년쯤 되었을까, 같이 작업을 하던 조 선생한테 말했다.

"어쩐지 우리 아들 공부 안 하는 것 같아."

조 선생은 큰 눈을 더 동그랗게 뜨며 몸뚱이 부서지게 일해 보내주는 돈으로 공부를 하지 않으면 당장에 불러들여야지 왜 가만히 두고 보기만 하냐는 것이다.

몸뚱이 부서지게 번 돈을 보내주는 건 내 몫의 인생이고 그 돈으로 공부를 하건 안 하건 그건 아들의 인생이니 뭐라 그러겠는가.

자식 인생 대신 살아 줄 생각 말고 자기 인생이나 열심히 살자는 게 내 모토이다. 물론 조 선생은 그 당시엔 이해를 하지 못했지만, 나중에 자기 아들이 성장하게 되니 그 말이 맞고 또 맞더라고 말하곤 했다.

"엄마는 외국 며느리 싫다."

"아니, 왜 느닷없이 그런 말씀을 하시는 거예요?"

기껏 비싼 국제전화요금을 물어가며 전화를 해서 한다는 소리가 다짜고짜 외국 여자와 결혼하지 말라는 말에 호주에 유학 가 있던 녀석은 뜨악해 하며 어쩐지 한 자락을 깔고 묻는 듯하였다.

"생각났을 때 미리 말해야지, 나중에 반대하면 너와 의절해야 하고 의절하면 엄마 노후연금보험이 없어지잖아?"

거리마다 이팝꽃이 고봉으로 수북수북 피어나고 햇빛이 그 위를 하얗게 내리쬐던 때였다. 어쩌면 꽃을 보며 아들이 밥이나 제대로 먹고 다니는지 지레 걱정하다 불쑥 떠오른 생각 때문에 전화로 못을 박은 것인지도 몰랐다.

그 후 잠깐 집에 다니러 온 아들이 고백했다. 공부 잘하고 예쁜 대만 명문가의 여자를 만난 지 얼마 되지 않았을 때, 하필 외국 며느리 싫다는 어머니의 뜬금없는 전화에 기절할 듯 놀랐다는 것이다. 만날 때마다 엄마 말이 떠올라 아무래도 살갑지 않게 대하니 자연스레 멀어져 가버렸단다.

진즉에 조짐이 수상쩍었던 아들은 음악을 하러 나가서 우여곡절을 겪으며 건축 전공으로 졸업을 하고도 귀국을 하지 않더니 결국엔 외국 아이하고 결혼을 하고야 말았다. 십여 년 전 막연히 불안해 했던 일이 현실이 되고 만 것이다. 물론 말은 잘 안 통하지만 착하고 예쁜 아이여서 미리 걱정했던 게 무색할 지경이지만.

아들은 그렇게 내 협박(?)을 무시하고 제 맘대로, 못하게 하면 금방 죽을 것처럼 절실해 보이던 음악도 때려치우며 전공을 바꾸고 기왕에 고생하는 김에 1년만 더 고생하면 되니 힘들어도 하는 김에 석사까지 마저 하라는 말도 듣지 않고 사업을 시작하더니 이제는 대학원 진학을 하고 싶단다. 한 수 더 떠 손자 안겨줄 생각은 꿈에도 없는 듯하다.

아들인들 살아보지 않았으니 이렇게 될 줄 알았겠는가.

하긴 제 마음도 제 마음대로 못 하거늘 아들 하는 짓을 무슨 수로 감 놔라 배 놔라 하겠는가.

나 살기도 바빠 이래라저래라 할 처지도 못 되니 그나마 다행한 일인지 모르겠지만 정말이지, 자식 이기는 부모 없다.

오늘따라 자식 이기는 부모 없다는 말을 우리 어머니가 형제 중에 가장 많이 하시게 했을 게 뻔한 게 나라는 생각에 새삼 가슴 한쪽이 눅진하다.

딱 그만큼 자식한테 받는 것 같다. 그나마 빚 갚는 기분이라면 너무 염치없는 짓일까.

자식 이기는 부모 없다.

# 손이 말한다

지인의 시집 출판기념회에 참석하고 늦게야 집에 돌아오니 남편이 점심 먹으러 홍원항에 갔다가 갑오징어를 사왔단다. 피곤한 김에 나 몰라라, 자리에 들었다. 다음날 아침 먹물로 시커멓게 물든 비닐봉투를 뜯었더니 자잘자잘한 갑오징어가 우르르 쏟아진다.

"무슨 갑오징어가 이렇게 잘아?"

양심도 없지. 좀 더 크게 놔두지, 이 작은 걸 팔겠다고 잡은 사람이 좀 그렇다. 크지도 못하고 잡혀온 갑오징어를 손질하려니 차가운 물에 얼어붙은 손이 퉁퉁 부어오른다. 오징어하고 씨름한 지 한 시간여, 부랴부랴 데쳐 초간장 곁들여 아침상을 차린다.

부엌을 들락거리던 남편도 심란한지 남자는 꼭 필요한 물건을 비싸게 사고 여자는 필요 없는 물건을 싸게 산다고 둘러댄다.

어쨌든 살짝 데친 갑오징어는 싱싱하고 연해서 입맛을 돋운다. 이래저래 손이 고생이다.

손가락 마디마디가 붓고 아픈 지 2년여, 꽤나 예쁘다는 소리를 듣던 손의 행색이 말이 아니다. 그나마 류마티스는 아니고 퇴행성 관절염이라는데, 손을 너무 많이 써서 병이 생겼다는 것이다. 직업이 뭐냐고 묻더니 더 볼 것도 없이 직업병이란다. 손을 많이 써서 아프다면 농사짓는 촌부의 손은 남아나지 않겠다. 의사 소견이 영 믿기질 않는다. 뭔가 정밀한 병명이 있을 텐데 '퇴행성'이라는 이름으로 늙은이 취급당한 느낌이다. 인내심의 한계를 느낄 때까지 정형외과를 다니며 소염제를 먹고 물리치료를 해봐도 위만 나빠질 뿐 도무지 차도가 없다.

손만 낫게 해준다면 아까울 게 없을 것 같아 손에 쳐바른 시간과 돈이 암만암만이다. 지푸라기라도 잡는 심정으로 별짓을 다 했다. 의사 동생이 들으면 무식한 짓 했다고 기절초풍할 짓을 한 게 한두 가지가 아니다. 그러기를 일 년 육 개월, 제풀에 나가떨어져 이젠 고작 한다는 짓이 손가락을 주무르면서 손에게 통사정이나 하고 있으니 한심한 일이다. 의사는 절대로 손을 만지지 말아야 한다는데 민간요법 치료사들은 손에 자극을 줘야 경직되는 걸 막고 개선이 된다니 어느 말에 장단을 맞춰야 할지 난감하기만 하다.

그래도 작년 같아서는 금세 아주 못쓰게 될 것만 같더니만 희한하게도 그만그만해졌다. 이만하기도 다행이다.

여고 다닐 때 일이다. 옆 반 아이가 쉬는 시간에 우리 반으로 와 다짜고짜 내 손을 잡으며 "네 손이 하도 예쁘다기에 보러왔다."며 "아닌 게 아니라 정말 예쁘다."고 호들갑을 떤다. "별일도 다 있지. 얼마나 예쁘다고 할 데가 없어 하필 손이 예쁘다고 할까."

나는 없던 열등감조차 일었다. 그때는 내게 손은 그냥, 손, 도구에 지나지 않았다.

대학을 졸업한 지 꽤 오래된 후였다. 길에서 남자 동창을 만났다. 이게 얼마 만이냐고 반색을 하며 차 한잔하잔다. 찻집에 앉자마자 "야, 손 좀 보자." 나이 먹더니 내숭도 없어졌는지 내 손을 덥석 잡는다. 대학 다닐 때는 내 손이 하도 예뻐 보여 사람 손이 아닌 것 같았다며 많이 망가졌단다. 마사지도 하고 영양크림도 듬뿍 발라 더 이상 늙히지 말라고 안타까워한다. 그랬었구나, 그때만 해도 내 손은 뽀얗고 말랑말랑했구나.

이럴 줄 알았으면 그 친구 말마따나 좀 아낄 걸, 후회해 봐도 이미 늦었다.

생각해 보니 살아오는 동안 손을 아껴본 적이 없다. 부엌일 하면서도 고무장갑을 끼지 않았고 엄동설한에도 귀찮고 갑갑해서 털장갑이나 가죽장갑을 잘 끼려고 하지 않았다. 특별히 손에 좋은

크림을 바르거나 마사지를 받아본 적도 없다. 그러는 데는 어머니의 영향을 받은 것일 수도 있다. 죽으면 썩어질 몸 아끼지 말고 부지런히 움직이라는 게 어머니의 지론이었으니 말이다.

학대라고 할 것까지는 아니라도 함부로 대했던 손이 내게 항명하는 것이라면 이제부터라도 비위를 살살 맞추고 좀 아껴줘야 하겠지만 여전히 손을 부려야만 살 수 있으니 아껴 줄 방법을 모르겠다.

마디가 아파서 부은 손이 둔탁하고 미련하게 보인다. 이제 손끝 야무지기는 글렀다.

말이 나왔으니 말이지만 나는 처음 보는 사람의 얼굴보다 손을 먼저 관찰하는 버릇이 있다. 손의 모양과 표정을 읽으며 그 사람을 짐작하곤 한다.

손가락이 하얗고 길어 손가락 움직임이 섬세한 남자가 있었다. 선병질적인 그는 너무도 예민해서 쉽게 깨지는 유리그릇을 닮았다. 칼날 위를 걷는 듯해서 보기에 위태위태했다. 감정선이 까다로운 만큼 풍부하기도 해서 그의 손놀림을 바라보기만 해도 그가 무엇을 느끼는지, 어떻게 아픈지 느껴져 덩달아 가슴이 아렸다.

어느 날 그는 내게 새삼스레 악수를 청해왔다. 한참을 잡고 있는 그의 손이 참 따스했다. 마치 견고한 성안에서 보호받고 있는 것처럼 안온했다.

손을 잡힌 채, 그의 손이 내 손에게 하는 얘기를 가만히 듣고 있었다. 아니, 들어야만 했다. 아! 그는 떠나려 하는구나. 가슴이 툭,

내려앉았다.

그리고 그는 갔다. 그는 그렇게 잠시 내 생에 끼어들었다가 멀어져 갔다. 그의 손이 했던 말을 떠올리면 지금도 나는 아름답고 슬프다.

오늘처럼 이렇게 하늘이 낮게 드리우고 바람이 몇 안 남은 나뭇잎을 훑고 지나가는 11월이면 아직도 어쩌다가 그의 손이 내게 하는 말이 들려온다. 그리고 그렇게 나의 가을은 서서히 문을 닫는다.

# 공연장에서 있었던 일

이제는 사라지려나 하고 마음을 놓으려던 판에 코로나19의 재확산 조짐이 심상치 않다. 대체 세상이 어떻게 되려고 이러나 싶지만 나 혼자만 겪어야 하는 일도 아니니 불평할 수도 없다. 이런 와중에 러시아는 전쟁을 일으켜 우크라이나을 침공하고 유럽의 기후는 40도를 넘어서는 폭염으로 몸살을 앓고 있으며 지구 곳곳의 이상기후는 빙하를 녹아내리게 하고 있어 조짐이 심상치 않다. 누구는 말세가 오려고 한다고 하기도 하고 어떤 이는 지구가 멸망할 수도 있다며 걱정을 하기도 한다. 걱정을 하자면 끝이 없겠다.

제발 마스크를 벗는 날이 하루속히 왔으면 좋겠지만 우선 당장은 감염되지 않기를 바랄 수밖에 없다. 아무리 손을 씻고 양치를 하고 소독을 해도 주위에 코로나에 걸렸다는 소리가 심심치 않게 들려 온다. 몇 년씩이나 모임도 자제하니 차려입고 나가 보아야 만날 사람도 없고 같이 밥을 먹지도, 만나지도 못하니 우울하다는 소리가 다반사다. 공연장의 열기와 생음악을 들어본 지도 꽤 오래 되었다. 참 살맛 안 난다.

전주 한벽 문화관에서 6일간 계속해서 열린 2019년 하계 어울림페스티벌 공연을 기억한다. 그중 나는 목요일인지, 아니면 마지막 날 갔는지 잘 기억되진 않지만, 경력이 화려하고 실력이 쟁쟁한 젊은 연주가들의 실내악 연주에 감탄을 하며 귀를 열고 깊이 빠져 들어 갔다.

바이올린, 비올라, 첼로 등의 유려한 선율에 젖어 들면서 참, 우리나라엔 음악 영재들이 많구나, 라며 감탄을 하고 있을 때였다. 선풍기 바람 때문인지 한 연주자의 악보대에 앉혀 놓은 악보가 자꾸만 휘날리는 것이다. 다행히 악보가 바닥에 떨어지지는 않았지만 얼마나 불편했을까마는, 연주는 계속되었다. 누군가가 바람을 잡아주면 좋을 텐데, 아무도 해결해 주지 않는 게 이상할 정도였다. 어찌어찌 연주는 끝이 났다. 내 손에 진땀이 났다. 그림은 그리다가 잘 안 되면 버리고 다시 그리면 되는데 음악이나 공연은 그 시간에 연주를 잘하든 못하든, 끝이다. 그러니 그 순간의 연주가 더욱 중요하고 그 시공간에 자기의 온 힘을 쏟아내야 한다. 돌발 사태가 무서운 이유이기도 하다.

연주가 끝나고 돌아오는 길에 내가 사는 소도시의 예술의전당에서 열린 피아노 독주회에서 있었던 일이 생각난다.

미국에서 피아노로 석박사과정을 밟고 골드어워드 수상, 카네기홀 데뷔연주 등, 화려한 이력의 소유자인 까맣게 젊은 여고 동문 후배가 금의환향하여 여는 독주회였다. 슈베르트 마지막 생애에 작곡한 3개의 피아노 소품곡에 이어 요한 스트라우스 2세가 1874년에 완성한, 19세기 환락과 음악의 도시, 빈의 귀족 상류층을 풍자한 3막의 희가극인 오페레타 「박쥐」에 등장하는 왈츠와 폴카를 중심으로 우아하고 매력적인 선율을 모티브로 한 「빈의 저녁」이 이어진다. 연주는 막바지로 접어들어 20대 초반의 슈만이 작곡한 카니발 Op.9으로 이어진다. 일종의 가면무도회라고 말할 수 있는 이 작품에 등장하는 사람들 중에는 코메디아 델라르테의 인물들과 파가니니, 쇼팽, 슈만과 그가 사랑하는 미래의 부인인 클라라까지 출연한다. 슈만은 1인 2역으로 플로레스탄과 오이제비우스로 등장하는데, 이들 창조적인 캐릭터는 폭풍과도 같은 열정과 시인의 서정성을 갖추고 있다.

클래식을 듣는 곡만 들어서인지, 아니면 한두 번 들어봤더라도 귀에 설어 잘 모르는 곡들이지만 피아노 선율이 정확하고 꼼꼼하다. 산들바람처럼 잔잔하다 가 때로는 폭풍 같이 휘몰아치다가 장난기 섞인 선율이 유니크한 음악 속으로 나는 서서히 몰입되어 갔다. 연주는 막바지로 치닫고 있었다.

그때 갑자기 무대뿐 아니라 연주 홀이 전부 정전이 되어버렸다.

캄캄한 속에서도 연주는 흔들림 없이 계속되었고 관객들도 동요 없이 자리에 앉아 연주를 듣고 있었지만, 한참이 지나도 불은 들어오지 않았다.

꽤 오랜 시간이 지나자 슬슬 불안해져 옆 사람과 무슨 일이 난 거 아니냐며, 수군거리고 있을 즈음, 비상벨이 울리기 시작했다. 이게 무슨 일이야? 최고의 시설을 자랑하는 예술의전당에서 이게 무슨 일이지? 연주자가 자리에서 일어나 퇴장하고 관객들도 우르르 로비로 몰려나와 장외로 나가야 하는지, 기다려야 하는지 우왕좌왕하는 사이에 다시 불이 들어오고 정전이 된 이유를 설명하는 멘트가 울려 나왔다.

실황중계라도 했더라면 어쩔 뻔했을 것인가, 생각만 해도 아찔하다.

살다 보면 참, 별일도 다 많다.

우리는 다시 제자리로 돌아가 착석하고, 연주는 계속되었다. 마음이 진정되지 않아서인지 감상에 집중이 잘 안 된 채, 연주는 끝났다. 그러나 젊은 연주자는 끝까지 침착함을 잃지 않고 최선을 다해 연주하는 모습을 보여주었고 관객들은 그런 연주자에게 아낌없는 환호와 격려의 박수로 보답해 주었다.

그날의 연주회는 시간이 지나도 잊히지 않을 것이다. 연주자나 관객의 성숙함을 엿본 연주회였기 때문이다. 얼마나 준비를 많이 했겠으며, 얼마나 설레며 기다렸을 것인가. 그런 연주회에 돌발적인 사고를 예측이나 할 수 있었겠는가.

키우고 가르치고 성장하는 모습을 응원하며, 마음조리며 지켜봤을 그녀의 부모가 얼마나 애를 태웠을까에 생각이 미치니, 안타까웠다. 당사자보다 그의 부모의 마음부터 공감이 되는 걸 보면 나도 나이를 먹긴 먹었나 보다.

아마도 우리 후배는 이번 일을 겪으며 더욱 단단해져 웬만한 것에는 눈 하나 까딱 안 할 만큼 담대하고 좋은 연주자가 될 것을 믿어 의심하지 않는다.

공연을 못 본 지도 벌써 2년도 넘었다. 빨리 코로나가 종식되어 공연장을 찾고 싶다.

공연 보는 게 일상이었던 때가 그립다.

내일은 아쉬운 대로 도립미술관 전시라도 보러 가야겠다.

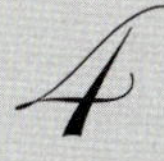

# 개와 늑대의 시간, 경계를 허물다

# 잃어버린 시계

아침에 차고 나온 시계가 감쪽같이 사라져버렸다.

분명 시곗줄 고리를 딱, 소리 나게 잠갔을 텐데 없다. 아니, 분명한 건 아니다. 이 세상에 분명한 게 어디 있겠는가. 아마 살짝 걸린 게 헐거워져 달아난 걸 게다. 시계 판 둘레와 가는 시곗줄에 반짝이 알갱이들이 알알이 박힌 은색의 앙증맞은 팔찌용 시계라서 애용했었다. 크고 남성적인 시계를 선호하는 나의 시계 중 가장 작고 화려한 것이다. 손목이 허전하다. 자꾸만 손목을 바라본다.

벌써 수십 년 전, 초등학교 때 옆 반 반장이었던 친구가 있었다. 얼굴이 하얗고 예쁘장했다.

그 애 할머니가 치맛바람을 일으키며 거의 날마다 학교 교무실을 들랑거려 우리 사이엔 모르는 애가 없을 정도로 유명했다. 그 땐 몰랐지만 어려서 엄마 잃은 손자였으니 오죽했으랴. 불면 날아 갈까 쥐면 꺼질까, 애지중지 키웠던 게다.

그렇게 자란 친구는 대학을 졸업하고 뉴욕으로 건너가 그야말로 뼛속까지 뉴요커가 되었다. 친구는 중년이 다 되어서야 귀향을 했다. 고향을 위해 살아보겠다는 푸른 꿈을 가지고.

대학 졸업할 무렵 서울에서 다른 친구와 함께 우연히 몇 번 만난 적이 있던 친구는 그동안 몸도 마음도 멋쟁이가 되어 있었다.

서로 꿈 이야기도 나누며 의기투합할 무렵 슬그머니 내민 선물이 바로 이 시계다. 챙길 것도 많았을 텐데 뉴욕에서부터 내가 사는 이 소도시까지 가져와준 마음 씀도 그렇거니와 시계를 보는 안목에 감탄하지 않을 수 없었다. 시계 케이스에는 남녀 한 쌍이 들어 있었다. 남자용은 검정 가죽 밴드의 양쪽에 빨간 스티치로 모양을 낸 정사각의 투박하고 단순한 큰 시계였는데 남편도 아주 마음에 들어 하며 즐겨 차곤 했다. 내 취향을 간파한 친구의, 대가를 바라지 않는 선물이 참으로 좋았다. 누군가에게 받은 선물이 마음에 꼭 들기도 쉽지 않은데 말이다.

너무 신사여서 투전판 왈패의 수를 부릴지도, 칼을 휘두를 생각도 못한 친구가 치명타를 맞았다. 입으려던 외투를 뺏기고 날아보기는커녕 제대로 걸어보지도 못하고 다친 상처로 인한 아픔에 시달려야 했다. 억울하고 억울했을 테지만 상흔이 아물기도 전에 다시 뉴욕으로 돌아갔다. 나는 그 친구가 뉴욕에서 정확하게 무슨 일을 하는지 잘 모른다. 아무리 설명을 해줘도 내가 상용하는 단어가 아니라 상상해 봐도 그게 도무지 뭔지 모르겠다. 단지 그의 전공을 살려 꽤 전문적인 일을 한다는 것밖에는.

그는 2년에 한 번 꼴로 고향에 돌아와 한두 달씩 머물다 간다. 그때마다 가끔씩 만나 찻집이나 맥줏집에서 이런저런 동창들 근황이나 시국 토론도 하면서 회포를 풀곤 했다.

아껴 차던 시계를 잃어버리고 난 후, 제일 먼저 시계를 선물해준 그 친구에게 미안한 생각이 들었다. 만나면 잃어버렸다고 말하기가 난처하겠다.

그럴 수 있지, 그럴 수 있다.

어디선가 눈 동그랗게 뜨고 나만 바라보고 있을 것 같아 들렀던 델 찾아가서 물어보고 여기저기 뒤져봐도 종적이 감감하다. 허망하기 짝이 없다.

이때부터다. 내 시간이 불안해진 것은.

내 시계가 어디엔가 숨어서 저를 간수하지 못했다고 내 시간을 제멋대로 계량하고 있나 보다.

살면서 잃어버린 게 어디 시계뿐이랴. 시계와 쌍으로 찼던 은색 가느다란 팔찌도 어디론가 사라져버렸고 툭하면 빠져 달아나고 남은 귀걸이 한 짝이 대여섯 개나 된다.

내내 잘 쓰던 살림살이나 옷가지가 어느 날 귀신도 모르게 사라져버리기도 한다. 그럴 때마다 한동안 어디선가 오뚝하니 나를 기다릴 것 같아 정서불안 상태가 되고는 했다.

외려 빚보증에 전 재산이 하루아침에 날아가고 직업도 없어져버리고 집도 저당 잡혀 끼니를 걱정할 때는 차라리 마음이 편했다고 하면 거짓말이라고 할까.

통 큰 척한 게 아니다. 믿거나 말거나 생각하는 것보다 훨씬 고요했다. 적어도 짧은 기간이나마 예견되기도 했고 상황이 확실하니 적어도 불안하지는 않았었나 보다. 잃어버린 재산이 나를 기다리는 것도 아니고 찾는다고 찾아지는 것도 아니니 쉽게 체념하게 되고 체념하니 적어도 불안할 필요가 없었을 게 아닌가.

전 재산을 잃고도 멀쩡하던 내가 그깟 시계 하나 잃어버리고 전전긍긍한다고 나무라지 마시라. 다 그런 것 아니겠는가.

그나저나 언제쯤이면 잃어버린 내 시계는 제가 계량하고 있는 내 시간들을 돌려줄 것인가. 벌써 스산한 바람에 떨어진 낙엽이 길 위에 휩쓸려 다니는 늦가을인데.

# 자동차와 나

새 차를 처음 본 후배가 엄지손가락을 치켜세우며 "일빵일빵이네."라고 외쳐댔다. 일을 빵빵하게 하란 뜻인지는 모르겠지만 그때부터 내 차는 일빵이라고 불리워지기 시작했다.

"너, 늙었다고 버리란다."

왈칵 눈물이 쏟아졌다. 1, 2년 내에 이런 날이 오리라고 짐작하고는 있었지만 이렇게 빨리 올 줄 몰랐다. 전주 가는 길에 엔진오일도 갈 겸 점검받으러 카센터에 들렀더니 이제 더 이상은 무리니 그만 타는 것이 좋겠다는 것이다.

"그동안 애 많이 썼다, 정말 애 많이 썼어. 고맙다."

1시간 동안 차를 타고 가면서 계속해서 눈물을 훔치며 핸들을 쓰다듬었다.

월요일부터 금요일까지 학교를 옮겨 다니며 수업을 해야 했기 때문에 차가 내 발이 된 지 어언 20여 년이 다 되니 왜 안 그렇겠는가. 그동안의 족적이 고스란히 축적된 나만의 유일한 공간이 아니던가. 차와 함께한 지난 세월의 이야기들이 영화필름처럼 눈앞을 스쳐지나간다. 새 차 산 것을 기뻐하시는 아버지와 함께 시끌시끌하게 시승하던 일, 유학 가 있는 아들의 등록금을 챙길 수 없어 애태우다가 어두운 밤 아파트 주차장에서 집에 들어가지도 못하고 차 안에서 하염없이 앉아 있던 일, 한강변에 있는 갤러리에서 초대전을 할 때의 사연을 어찌 잊을 수 있겠는가. 승용차에 싣고 돌아올 만큼만 그림이 남겨졌으면 하는 바람이 이루어져 차에 소품 13점만을 싣고 집으로 출발했다. 대충 계산해 보니 꼭 필요한 만큼의 돈이 만들어진 것 같아 "이젠 됐구나." 하는 안도의 눈물을 쏟으면서 늦은 밤 고속도로를 달려오던 일, 차와 함께한 내 삶의 흔적들이다.

서울 동생네에서 아들 녀석이 고등학교를 다닐 때였다. 아이 신변에 무슨 일이 있을 것만 같은 예감에 우르르 쫓아 올라가 차 속에 앉아 잠깐 동안 얘기를 나누고 내려오려던 참에 "나도 엄마 따라 집에 가고 싶다."고 하는 것이다. 두말 할 것 없이 "그러자."며 동생한테 아이랑 같이 내려갈 테니 기다리지 말라고 하니, 고3짜리가 학교를 빠지면 어떻게 하냐고 질겁했다. 그깟 토요일 하루 수업 빠진다고 무슨 큰일 나겠는가. 그날 아들과 많은 얘기를 나누며 집에 내려오던 감미로운 느낌은 내 지난날의 몇 안 되는 행복한 장면 중의 하나이다. 이렇듯 내 차는 나의 행복했던 순간뿐만 아니라 우울하고 슬펐던 시간들을 공유하였다.

시시때때로 나는 내 차가 생물체라는 생각을 떨쳐버릴 수가 없었다. 어떤 때는 신바람 나서 씽씽 달리다가도 어떤 때는 일하기 싫어 떼쓰는 어린아이 같은 느낌이 들곤 하였다. 또 마음이 서글프거나 답답할 때는 말수 적고 속 깊은 친구에게 털어놓듯 속사정을 구시렁거리며 한적한 시골길을 한바탕 돌고 나면 속이 풀리곤 했다.

요 근래에는 사람으로 치자면 팔십 노인네 같은 차에게 무리하게 일하자는 것 같아 "고맙다, 네가 사람보다 낫다."며 핸들을 쓰다듬고는 했던 것이다.

차는 내게 단순히 탈 것이 아니었다.

내 사고와 사교의 장이고 나의 피난처요, 비밀장소이고 기도처이기도 했다.

울고 싶을 때는 차 안에서 맘껏 눈물을 흘릴 수 있었고 아무에게도 방해받지 않고 떼쓰듯 기도하곤 했다.

이유도 없이 기분이 가라앉아 가만히 생각해 보니 차를 버려야 하는 일 때문이다. 허지만 빨리 바꿔야 경제적으로도 이익이고 또 이대로 가다가는 치명적 사고를 당할 염려도 있다니 계속 타고 다닐 수는 없는 노릇이다.

차 바꿀 계획이 없다니 몇 년 안 된 중고차를 추천해 주겠단다. 건성으로 알아보라고 했더니 며칠도 지나지 않아 연락이 왔다. 와서 보라는 것이다. 나야 겉모양새나 볼 줄 알지 속을 본들 뭘 알 수 있겠는가. 자타가 공인하는 차 박사라고 알려진 후배에게 검사해 달라고 했더니 '오케이' 사인이 떨어졌다. 삼복더위에 카센터 천장에 매달아 놓은 차를 30여 분도 넘게 뒤져 본 정성이 고마워서라도 시운전도 해보지 않은 채 그 차를 선택하기로 했다. 채 30분도 걸리지 않아 그 연회색 차는 내게로 왔다.

그 오랜 세월 혈육같이 동행하면서 의지해온 묵은 차는 차 안의 잡동사니를 마구잡이로 들어내느라 제대로 이별의식도 치르지도 못하고 순간에 폐차장으로 보내져버렸다. 주인을 위해 평생을 묵묵히 봉사하다가 죽어서는 살을 베어 먹이는 소처럼 차는 마지막으로 내게 얼마간의 목숨값을 남겨 주고 끌려가고 말았던 것이다.

내게 온 새 차는 연회색 조그만 차여서 여성스럽다. 운전대를 잡으며 나는 마치 일빵이 동생 대하듯 중얼거렸다.

"잘 부탁한다. 너도 일빵처럼만 날 위해 일해다오."

새 차는 기름칠하지 않은 기계처럼 빽빽했지만 잘 지낼 수 있을 것 같은 예감이 들었다.

다음날이다. 바쁜 일 때문에 서둘러 외출준비를 하고 아파트단지 주차장에 섰는데 차가 없는 것이다. 어젯밤 어디다 세워놨는지 아무리 용을 써 봐도 기억이 나지 않는다. 별로 크지도 않는 주차장을 온통 휘젓고 다녀도 흔적이 없다. 외제차도 아니고 새 차도 아닌데 누가 훔쳐갈 리는 만무할 것인데 아무리 뒤져도 없다. 귀신이 곡할 노릇이다. 진땀나고 머리가 돌 지경인데 아차, 그제야 어제 차를 바꿨다는 생각이 났다. 아무 생각 없이 하던 대로 일빵일빵을 찾아 헤맨 것이다. 이번에는 새 차를 찾으려는데 바뀐 차 번호가 전혀 생각이 나지 않는다. 뭐였더라? 아무리 머리를 쥐어짜도 모르겠다. 어찌어찌해서 연회색 차의 색깔과 차종을 비교해 겨우겨우 찾을 수 있었다.

새 차를 운전하며 조금 전 일을 생각해 보니 귀신에 홀린 것 같고 꿈을 꾼 듯하다.

어쩌면 일빵일빵의 정령이 나를 찾아와 이별의식을 치른 것이라는 생각이 드는 것이다.

# 제자의 자격

방문한 지인의 거실에 강암의 풍죽이 걸려있다. 미처 강암이라는 호를 보지 않더라도 그 필치를 단박에 알아볼 수 있을 정도로 담백한 먹색이 일품인 군더더기 없는 그림이다. 반가웠다.

대학 동기인 하석은 입학하자마자 우리 몇몇을 꼬드겨 서예동아리를 만들었다. 첫 번째 모임에서 작품 체본 한 장씩을 안겨주고 얼마 동안을 연습시켜 도청 옆 다방에서 전시회를 열었다. 전서로 된 글씨를 제대로 베끼지도 못한 걸 작품이랍시고 내건 게 남의 옷 입은 듯 여간 겸연쩍은 게 아니었다. 시간이 지나도 못내 찜찜함이 가시질 않았다. 그럴 바엔 제대로 배워보자고 찾아뵌 분이 강암 선생님이시다. 전주 천변에 위치한 선생님 댁 나무 대문 초인종을 누르니 하얀 고무신을 신은 선생님이 대문까지 나오셨다.

반절로 예를 드렸던 기억이 난다. 그때 선생님은 50대 중반이셨는데 한복에 상투를 튼 모습 때문인지 내겐 노인으로 보였다.

다음날부터 뜰 아래채에 마련된 서실에서 한 '일' 자부터 배우기 시작했다. 길 '영' 자를 오래 연습했던 기억이 난다. 선생님은 체본을 해주고는 안채에 들어가셨다가 시간이 지나면 나오셔서 내가 써놓은 글씨에 동그라미, 가위표, 세모를 쳐주셨다. 좋고 나쁘고 보통이라는 건 알겠는데 왜 그런지, 어떻게 써야 하는지를 도무지 모르겠는데, 여쭤볼 용기가 나지 않아 계속해서 그런 식으로 연습할 수밖에 없었다. 선생님은 표현을 너무 아껴 답답할 때가 많았다. "근천맞게 쓰지 말고 죽죽 써."라고 추상적인 말씀만 하시니 그 철학적인 심오한 뜻을 일천한 내가 어찌 알아 듣겠는가.

그렇더라도 나는 일주일에 서너 번씩 선생님 댁 나무 대문을 두드렸고 음전하신 사모님이 계셨음에도 선생님은 여전히 손수 문을 열어주셨다. 몇 달이 지나자 가끔은 안채로 올라오라고 하셔서 윗방 선생님 전용 냉장고에서 오렌지주스를 가져다 주시며 이런 저런 말씀을 해주셔서 근동의 서예가들의 동정이나 성향을 알 수 있게 되었다.

기억이 확실하지는 않지만, 대만에 여행가셨을 때의 얘기도 곧잘 하셨다. 갓 쓰고 도포자락 휘날리는 모습에 반한 그 나라 사람들이 사진 찍자고 몰려들 정도로 인기가 많았다고 은근히 자랑하기도 하셨다.

당신은 겉은 구식일지 몰라도 속은 신식이라며 외구내신이라고 주장하셨다.

때로는 벽장에서 당신의 작품을 꺼내 일일이 설명해 주며 보여 주기도 하셨다. 내 안목을 높여 주시려는 의도였던 것이다. 선생님의 작품은 여러 서체의 서예작품과 문인화를 막론하고 다 빼어났지만, 그중에 행서는 단아하고 특히 전서, 예서, 문인화로는 대나무가 좋았다.

모필을 써서 화선지에 작업하는 사람들에게 가장 큰 어려움을 물어 보면 먹도, 붓도, 아니고 화선지라고 대답한다. 종이마다 결이 달라 마음에 맞는 화선지 고르기가 여간 어려운 게 아니다. 수작업으로 한 장 한 장 떠내는 화선지야말로 같은 게 하나도 없으니 붓질하기가 어려울 뿐만 아니라, 얇으면 얇은 대로 마르면 마른 대로 종이의 성질에 맞출 수밖에 없는 것이다. 천하의 강암 선생님도 "자네, 요즘 어떤 종이 쓰는가?"라며 마땅찮아 하셨다. 선생님도 그럴진대, 하물며 나야 오죽하겠는가, 하고 슬쩍 위로를 삼기도 했다.

선생님 댁엔 늘 손님이 많았다. 주로 젊은 서예가들이었는데 그들은 차를 마시며 한담을 나누다 돌아갔다. 때론 나를 합석시키기도 하실 만큼 선생님은 나를 예뻐해 주신 것 같았다. 생각해 보면 열심히 공부하는 젊은 제자가 왜 안 예뻤겠는가.

2년쯤 공부하다가 3학년 때 선생님의 아드님이신 하경 선생이

지도교수인 서예반으로 들어가면서 선생님 댁에는 정규적으로 가진 않았지만, 가끔 인사를 드리러 가곤 했다. 선생님은 아이스크림을 사가지고 가면 어린아이처럼 좋아하셨다. 식성은 그렇게 천진한데 아주 단호하신 데가 있어서 백일장대회의 공개 심사장에서 심사하시다가 불의를 보며 자리를 박차고 나가버리는 일을 목격하였다. 나는 곪아 터진 상처를 칼처럼 베어버리는 선생님의 결기가 좋았다.

어쩌다 선생님 댁에 들러 잠깐씩 앉았다 가던 사람들이 이력에 떡하니 강암 제자라고 써먹는 걸 보며 쓴웃음을 짓지 않을 수 없다.

"웃기네. 선생님께 글자 한 자 배우지도 않고 자기 작품 한 번 보여드리지도 않았으면서, 무슨 제자래?"

나는 비웃고 비웃었다. 반발심 때문이었는지 지금껏 선생님께 배웠다거나 제자라는 말을 삼갔다. 강암 제자라는 사람들이 승승장구, 세를 넓히는 동안 나는 음지에서 그저 할 수 있을 만큼 그림을 그리고 화제를 썼다.

어리석었다. 꼭 붓을 들고 글씨를 배워야만 제자는 아니다. 내게 주셨던 염려와 동료의식, 정신을 틔워주시려 했던 어떤 양육 같은 것들이 나를 성장시켰듯 내 보기에 그저 차나 나누며 때마다 인사를 오던 사람들도 선생님의 고매한 인품을 본받으려 했을 것이니 어찌 그분의 제자가 아니겠는가. 글자 한 자도 안 배웠으면서 제

자라고 사기 친다며 비하하고 비웃은 내가 뭘 몰라도 한참 몰랐던 것이다.

일생을 대쪽같이 꼿꼿하게 사신 선생님의 선비정신을 흠모하고 본받으려 노력하는 사람이 제자 아니겠는가. 나야말로 선생님께 글자 몇 자 배웠다고, 선생님의 정신을 계승하고 있다고 말할 자격이 있겠는가. 선생님의 고고한 품격을 닮은 풍죽을 보며 오늘따라 참 부끄러워지는 심정이다.

2018. 3.

# 그리운 시절, 문학의 텃밭

— 『성원』 복간을 축하하며

모교는 나의 미래를 여는 꿈의 조련장이었다. 이 글을 쓰려니 아득한 옛날의 학창 시절이 마치 얼마 되지 않은 듯 환한 미소로 내게 다가왔다. 참으로 빛나는 시절이었다.

누구나 그렇듯 더러는 힘에 겨워 지칠 때가 있었다. 그때마다 내 무의식은 꿈길에 여고시절을 찾아갔다. 그때가 가장 되돌아가고 싶은 때였나 보다. 할 수만 있다면 그때로 돌아가서 다시 시작하고 싶었다. 잘못 채운 단추를 처음부터 다시 채우고 싶었다. 왜 안 그렇겠는가. 하늘의 별이라도 딸 수 있을 것 같은 때였으니.

그때는 여중·고 선생님들이 같은 교무실을 썼고 일주일에 한 번씩 하는 아침조회도 같이 해서 한 학교나 다름없었다. 나는 이미 여중을 다녔기 때문에 학교생활이 낯설거나 새로 적응해야 하는 어려움은 없었다.

지금에 와 생각해 보면 나는 어른들 말씀을 참 지독하게 안 듣는, 말하자면 모범생은커녕 문제아 중의 문제아였다. 해야 한다거나, 하라고 하면 하려다가도 그만두었다.

공부는 죽어라 안 하고 책을 읽거나 영화를 보거나 전혜린의 '회색노트'를 만들어 뭔가를 끄적거리곤 했다. 하고 싶은 것만 하자고 생각하던 때였다.

막연히 그림 그리며 사는 것도 재미있겠다고 생각한 것도 그때였다. 그러나 이러저러한 사정으로 미술대를 갈 수 없었고 돌고 돌아 삼십이 넘어서야 겨우 그림을 그리기 시작했다.

방과 후에는 아까시 언덕, 나만의 비밀공간에 앉아 지는 해를 바라보며 한숨을 쉬기도 하고 꽃향기에 취하기도 했었다. 음악실에서 피아노 치는 친구의 악보를 넘겨주며 듣던 베토벤의 「비창」이나 「월광」 소나타는 음악적 감성을 키우기에 충분했으며 가사실습 시간에 만들었던 카레라이스는 지금도 즐겨 만드는 음식이다.

재봉시간에 블라우스 만드는 법을 배워 숙제로 제출하라고 하신 가정 선생님께 쫓아가 원피스를 만들고 싶다고 졸라 선생님과 디자인 책을 보고 마음에 드는 디자인을 골라 천을 떠서 기어이 원피스를 만들어 내기도 했다. 시장을 다 뒤져 마음에 드는 천을 골라 날밤을 새우며 앉은뱅이 재봉틀로 둘둘 박고 꿰매 다음날 선생님께 제출했던 기억이 새롭다. 색이 다 낡을 때까지 의기양양하게 입고 다닌 거며 원피스 문양과 디자인이 아직도 생생하다. 얼마나 귀찮으셨을까. 지금은 미국에 계신 강 선생님, 잘 지내시는지.

생각해 보면 우리 선생님들은 참으로 열정적이고 다정다감하셨다. 음악 선생님은 음악 전공하라고, 무용 선생님은 춤을 잘 춘다고, 심지어 지금이나 그때나 키가 작달막했던 내게 체육 선생님은 텀블링을 잘한다고 어찌나 칭찬을 해주셨던지 나는 정말로 내가 뭐든지 잘하는 아이인 줄 알았다. 칭찬을 많이 받고 자라면 꼬이지 않는다. 그 점만은 확실한 것 같다.

나도 후학들에게 될 수 있는 대로 칭찬을 많이 하려고 한다. 많이 받아본 사람이 많이 줄줄 아는 법이니.

『성원』이라는 교지에 실릴 글을 뽑으려고 국어 선생님이 글을 한 편씩 내라고 숙제를 냈다. 쓰기는 싫고 숙제는 내야 하니 일기를 몇 장 죽 찢어서 내고는 잊어버렸는데 하필 그 일기가 실렸다. 저명한 시조시인이신 장순하 선생(당시 남성고 국어교사)이 발간한 작문 책을 보다가 기절초풍할 뻔했다. 글의 내용이 좋음에도 퇴고를 하지 않은 졸문의 예로 실려 있지 않은가. 어찌나 부끄러운지 얼굴을 들 수가 없었다. 물론 익명으로 실려 대부분은 내 글인지 모르고 지나쳤겠지만 인쇄된 글에 대한 엄정한 책임을 절감해야 했다.

그렇게도 안 쓰겠다고 버티던 나는 어찌어찌 글을 쓰고 그림을 그리며 살고 있다.

여중 국어 선생님이셨던 고 이기반 시인, 여고 때 국어를 지도해주신 손광성 수필가이자 화가, 국어학에 탁월한 실력을 발휘해주신 한림대 국어국문학과 교수이신 고 전신재 선생, 명강의로 이름을 날린 남성중의 국어 교사 김진악 수필가, 그야말로 우리 문학계의 찬란한 별과 같은 스승들께 국어와 문학의 전범을 배운 나는 작가로 참 복이 많은 사람이다.

『성원』을 창간한 원광대 국문학과 명예교수이신 홍석영 소설가가 여중 때 나의 국어 선생님이시다. 어쩌다 숙제로 낸 짧은 글을 보고 글 쓰라고 채근하셔도 순종할 내가 아니었다. 아니 실은 쓰고 싶어도 잘 쓸 자신이 없어서 미리 도망쳤는지도 모른다.

선생님이 권하시던 문예반도 『성원』 편집위원도 죽어라 싫다던 내가 『성원』 복간지에 글을 쓰게 될 줄 누가 알았겠는가.

선생님은 지금도 지역에 건재하셔서 자주 일없이 뵙기도 하고 어쩌다가 문학행사에 모시고 가기도 하면서 지낸다.

본격적으로 글을 쓰기 시작하면서 나는 할 수 있는 한 퇴고를 많이 하려 한다. 안 쓰려면 모르겠지만 기왕에 쓸 거면 병적일 정도로 퇴고에 퇴고를 거듭한다. 아무리 퇴고를 해도 때로는 엉뚱한 글자가 저 가고 싶은 곳에 날아다니다 인쇄된 뒤에 튀어나와 당혹하게 만들지만 말이다.

돌이켜보면 화끈거렸던 그때의 창피한 기억이 화인처럼 박혀 글을 쓸 때마다, 원고청탁을 받을 때마다, 나를 담금질 하는 것이야말로 『성원』의 덕이 아닐 수 없다.

『성원』의 복간을 진심으로 축하한다.

문학의 텃밭이 되어줄 것이다.

# 개와 늑대의 시간, 경계를 허물다

외국에 나가 살고 있는 아들이 다니러 왔다가 코로나로 인해 발이 묶여 옴짝달싹 못 하고 한 달여 간 집에 갇혀 지내던 지난 2월 말경이었다.

건축디자인을 하느라 한몸처럼 손에 놓지 않던 아이패드를 내게 가져와 "어머니, 여기에 그림 그려 보실래요?" 하는 것이다.

따로 컴퓨터를 배운 적이 없어 원리는커녕 여기 꾹, 저기 꾹 눌러보며 겨우 원고나 쳐서 아무 데나 저장했다가 메일로 보내는 수준인 나는 문서작성이나 복잡한 거라도 할라치면 머리에 쥐가 날 지경이지만 아직은 호기심이 죽지 않아서인지 덥석 펜을 받아 쥐고 이것저것 선을 그려보기 시작했다. 유화 붓, 서예 붓뿐만 아니라 물결, 안개, 구름 표현 등, 기왕에 많이 깔려있는 붓을 시험해 가며 월광에 비치는 홍매 1점을 완성하고는 아들과 나는 동시에 "어떻게 이런 표현이 가능한 거지?"라며 놀란 것이다.

아날로그 마지막 세대인 나의 디지털세계로의 확실한 진입이었다. 자연과 인공의 만남이었다.

아무리 인공지능 시대라고는 하지만 모필의 운필법은 불가능하다고 강의해온 터에 허탈하기도 하고 신기하기도 해서 밤마다 시험 삼아 아이패드로 그림을 그렸다.

내친김에 캔버스 천에 프린트한 그림을 본 남편이 괜찮다고 어깨를 으쓱하게 하더니 새 아이패드를 선물해줬다. 6월 초 아들이 자기 집으로 돌아간 다음에도 나는 먹을 갈거나 종이 펴놓고 그릴 장소가 마땅찮을 때나 밤에 TV를 켜놓을 때도 계속 아이패드 세상으로 걸어 들어가 그림 세계를 여행하다가 자정을 훌쩍 넘긴다. 당분간은 질리지 않을 것이다.

그동안 만든 100여 작품 중에서 수묵 느낌이 나는 작품은 배제하고 비교적 색채와 붓질이 강렬한 그림 30여 점을 골라 첫선을 보인다.

내가 밤마다 새로운 세계로 떠난 여행의 산물을 만나게 될 여러분은 어떤 느낌을 받을지 기대가 된다.

생각해 보니 코로나는 내게 경제적 어려움과 현실적 압박감

만을 준 것은 아니었다.

이 신나는 세계로의 여행을 선물해준 아들과 기어이 아이패드를 내 손에 안겨준 남편에게 고마움을 전한다.

위의 글은 열여섯 번째 내 개인전 서문이다.

7월 중순부터 시작된 전시는 전주에 이어, 익산 순회전까지 두어 달 동안 계속되었지만, 가뜩이나 코로나로 위축된 불안 심리는 공연이나 여러 행사뿐 아니라 전시까지도 영향을 받지 않을 수 없었다. 와 주시라 하는 것도 실례가 되는 세상이 되어버린 것이다. 아무리 그렇다 해도 심심하지는 않을 만큼 관람객이 찾아왔다.

격조했던 지인들이 핑곗김에 찾아와 주어 반가운 얼굴을 마주하고 차분히 앉아 묵은 얘기를 나누는 재미를 맛볼 수 있는 귀한 시간을 가질 수 있었던 것이다.

그런데 전시 기간 중에 나는 가장 많은 질문을 들어야 했고 그 질문이란 게, 왜 개인전 제목을 '개와 늑대의 시간, 경계를 허물다'라고 했냐는 것이다.

「개와 늑대의 시간」이라는 제목의 드라마가 방영된 적도 있는데 열의 아홉은 처음 듣는 말이란다. 그리고 그 열의 아홉은 개와 늑대의 시간이란 밤의 짙푸른색과 낮의 짙붉은 색이 몸을 섞는, 저 너머의 실루엣이 개인지 늑대인지 분간하기 어려운 어스름한 황혼의 보랏빛 시간대를 이르는 말이라고 말하면 제목이 절묘하단다. 전시 성격이 빠르게 이해된다며 흥미진진한 얼굴로 다시 질문을 쏟아낸다. 그리고는 각자의 생각을 말하기 시작한다.

아날로그와 디지털의 경계를 허물었다거나 생체적 늙음을 젊은 감성으로 무장했다고 하기도 하고 전통기법의 한국화 붓질에 서양화의 색감을 접목했다는 식으로 각자 그림의 성격을 분석하기 시작하며 스스로 상당히 설득력 있는 결론을 내리는 것이다. 나는 물론, 정답은 없으니 각자 느끼고 싶은 대로 느끼는 게 최선이라고 말하곤 한다.

어떤 이는 방명록에 '개가 되시오.'라고 쓰면서 실실 웃기도 해서 그럼 지금은 내가 늑대냐며 이유 있는 항변을 하면서 화제는 꼬리에 꼬리를 물고 이어졌으니 말로 이뤄낸 쾌거(?)였다.

실은 아들에게 전시 제목에 대한 조언을 구했더니 한방에 툭 내뱉은 말을 얼씨구나 좋다고 주워들어 써먹은 것이니 아들 덕을 톡톡히 본 것이다.

저녁마다 걸려 온 아들 전화에 그런저런 내용을 전하며 나는 그 즐거운 광경이 눈에 그리듯 전해지기를 원했다. 제가 엄마를 얼마나 살맛 나게 했는지 느끼길 바랐던 것이다.

이제 전시는 막을 내리고 나를 행복하게 해줬던 이 그림들이 나를 떠날 때가 되었다.

언젠가 내가 힘들 때 손잡아 일으켜 세워 주셨던 문단의 어른이신 김 선생님께는 싱그런 색감의 나무가 있는 풍경 한 점, 직원들

월급 챙기기도 벅차 안간힘을 쓰면서도 항상 밝게 웃는 박 후배에게는 연 핑크빛 벚꽃이 있는 그림, 평생 착한 마음으로 남을 챙기기에 바쁜 최에겐 "너도 대가 없는 선물 한 점 받을 자격 있다."며 진분홍 장미 그림을, 미적 안목이 높은 경 후배에겐 비록 잎 하나 달리지 않았지만 머지않아 봄이 오면 새잎 나고 꽃이 핀 자리에 열매를 맺을 것이며 비록 풍상에 꺾였지만 새 가지가 하늘을 향해 웅지를 품고 있으니 희망을 표현한 작품이라며 나목을 골라 보냈다.

나를 위로해줬던 그림들이 그들에게도 소소한 위로가 되기를. 갈 데 없는 시선이 머물 수 있기를.

그렇게 전시되었던 그림들은 나를 떠났어도 나는 빈털터리가 아니다. 나는 새로운 그림으로, 기분 좋은 새 힘으로, 다시, 싱싱하게 채워지고 있기 때문이다.

# 풍경, 그림이 되다

## — 나현의 첫 번째 개인전을 축하하며

'풍경, 그림이 되다'라는 제목으로 나현의 첫 번째 개인전이 열린다.

그게 뭐가 되었든 맨 처음 하는 일은 참으로 어렵고 떨리고 걱정이 앞서게 마련이다. 경험을 안 해봤기 때문일 것이다. 그러나 설레기도 하고 기대되기도 해서 우리는 첫 경험을 하고 싶은 강렬한 욕망을 갖는다. 더구나 그 '무엇'이 하고 싶은 거라면 더더욱.

나현을 만난 지 10여 년이 지났다.

처음 본 그는 한 눈에도 단아한 키에 사람 좋은 미소를 띠고 있었으며 조심스러운 몸짓을 하고 있었다. 정중동의 사람이었다. 비록 화려하지는 않았지만 그렇다고 비루하거나 남루하지도 않았다. 숨어 피어있는 듯, 필 자리에 피어있는 이름 모를 소박한 들꽃이었다. 희미한 암향이 은은히 풍기는 사람이었다.

그때나 지금이나 그는 여전히 조용한 미소를 지으며 묵묵히 자기 세계를 고집한다. 그 조그마한 몸 어디에 그렇게 굳은 심지를 박아놓았는지 모를 일이다. 도무지 변덕을 부릴 줄 모른다. 핑계가 없으니 꾸준하다. 꾸준하니 믿음직하다. 믿음직하니 그게 뭐든, 일을 내도 크게 낼 것이라 믿었다.

힘들 때면 왜 그만두고 싶을 때가 없겠으며 그림이 안 풀려 고통스러울 때가 한두 번이었겠는가. 오죽하면 뼈를 깎는 고통이라고 할 것인가.

더구나 그림 그리는 일이 당장에 돈이 되는 일도 아니고 크게 명예로운 일도 아니니 가족들의 응원을 기대하기도 어려웠을 게 뻔하다. 그런데도 그동안 나는 그가 굳건한 울타리처럼 단 한 번도 흔들리는 걸 본 적이 없다. 자세한 개인사는 짐작할 수 없지만, 경제적인 여유가 없어 파트 타임으로 일을 하면서도 수업을 빠지지 않으며 하고 싶은 말도 섣불리 내뱉지 않고 진득하게 기다린다.

그림이 어디 서두른다고 쉽게 주어지던가. 만만하지 않다는 걸 나현은 이미 알고 있는 눈치다. 만만치 않은 게 어디 그림뿐이겠는가마는 매사에 서두르지 않는 게 그의 덕목이기도 하다.

나현은 긴 시간을 들여 발효할 줄 아는 사람이다. 때를 기다릴 줄 아는 귀한 사람이다. 화려하지는 않지만 은은한 등불을 켜는 사람이다.

그 등불이 누군가의 발밑을 밝혀줄 것이다.

매년 스승의 날 즈음에 은방울꽃이 핀다. 꽃이 필 때면 그는 앙증맞은 꽃송이가 종처럼 줄줄이 매달린 은방울꽃 몇 송이를 종이에 말아 불쑥 내민다. 어떤 선물보다 선물답다. 나를 일주일씩이나 은은한 향기로 위로해주는 은방울꽃. 꽃은 나현을 닮았다. 아니 나현은 은방울꽃을 닮았다.

그래서 나는 해마다 나현이 주는 은방울꽃을 기다리며 즐겁다.

그의 성실함과 꾸준함과 묵묵함은 그림의 덕목이 되어 주었다. 뒤늦게 공부를 마친 인문학이 바탕이 되어 그의 그림은 계획적이고 꼼꼼하다. 너무 꼼꼼해서 때로 약간은 답답하기도 하고 시원스럽지 못할 듯싶지만, 기초가 탄탄해서 흔들림이 없다. 화면은 견고하고 튼실하다. 그의 성격대로 먹색은 맑으며 풍경은 고요하다.

나현이 보고 만지고 듣고 느꼈을 하늘, 바람, 숲, 나무, 꽃이 그림이 되었다.

그의 그림이 내게 들려 주었던 이야기처럼 감상자들도 나현이 말하고 싶었던 말들을 들으면 좋겠다. 나현이 그리며 위로받았을 그의 그림을 보며 보는 사람들도 마음에 평온함을 찾았으면 좋겠다.

앞으로도 오래 그의 그림을 볼 수 있었으면 좋겠다.

여건도 좋아져 두 번째, 세 번째 개인전도 마련할 수 있으면 좋겠다.

이 전시회가 창작활동의 발판이 되어 나현이 훨훨 날아오르면 좋겠다.

# 피우기에 너무 늦은 나이는 없다

2016년 이른 봄, 그게 그것 같은 삶에 변화를 주고 싶어 이사를 했다.

며칠 동안 시끌시끌하게 짐을 풀고 정리하고는 그뿐, 여전히 나를 감싸고 도는 공기는 칙칙하게 가라앉아 있었다.

이사하느라 무리하게 저지른 육체노동 때문인지, 아니면 정작 마음의 짐은 풀어 놓지 못해서인지 몸이 점점 지쳐가더니 아무 짓도 하기 싫을 만큼 기운이 없어진다. 급기야는 두통에 어지럼증까지 생겨 자꾸만 누워있고 싶어지는 것이다. 정말이지, 손가락 하나도 까딱하기 싫어졌다. 그러다가 나중엔 믿거나 말거나 밥 한 숟갈 입에 넣고 씹기도 싫어 그냥 멍하니 앉아있을 정도였다. 뚜

렷한 병명도 잡히지 않았지만, 꼼짝도 하기 싫으니 병은 병이었다. 그러나 나는 마음대로 아플 자유가 없었다. 가장 노릇을 해야 하는 내가 아프면 우리 집 기둥뿌리가 뽑혀져 나가는 것 같으니 말이다.

누울 자리만 보여도 때 되면 일어나야 했고 밥을 준비해야 했으며 지옥 가는 심정으로 출근해야 했으니 사는 게 사는 것이 아니었다.

그렇더라도 나는 이미 내 한 몸이 아니었다. 무슨 수단을 써서든지 어떻게든 일어나야만 했다.

변화는 스스로 찾아야 했다. 여기저기 뒤져보며 몸에 좋다는 것을 이것저것 챙겨 먹고 조심조심하며 병아리 눈물만큼 나아지기 시작할 무렵인 2019년 1월, 적당한 운동도 해야 할 듯싶어 집 근처에 있는 요가센터에 다니기로 했다. 걸을 일이 없는 나는 아침나절에 요가센터까지 운동 겸 동네 뒤안길로 슬슬 걸어가다 보니 보이지 않던 게 보이기 시작한다.

겨우 두어 사람이 지나다닐 만큼 작은 오솔길 옆, 화단이랄 것도 없는 손바닥만 한 어수선한 공터에도 식물은 자라 맹추위를 이긴 붉은 남천 열매가 나를 반긴다. 어느 날은 그 밑에 맥문동 칼칼한 잎이 보이고 또 다른 날엔 팝콘처럼 톡톡 터지는 벚꽃나무 아래 가느다란 꽃대에 대롱거리며 매달린 냉이꽃이 찬바람에 파들거리며 말을 건네오기도 했다. 반대편의 잘 손질된 밭고랑에는 어린 채소

잎이 고개를 디밀고 나오더니 나날이 쑥쑥 자라나는 걸 보는 재미가 제법 쏠쏠해질 무렵, 아파트 화단에 핏빛 자목련이 피고 졌다. 점점 기온이 오르자 색색으로 피어난 꽃양귀비의 화사한 모습이 나를 잡아끌어 꽃 얼굴에 눈 맞추느라 해찰을 하기도 했다.

내가 아프거나 말거나 간에 그렇게 화사한 봄이 가고 여름이 왔다. 반 팔 티셔츠를 입고도 더워지기 시작했다. 자목련꽃 진 자리에 잎이 무성해지기 시작했다.

그러던 7월 초순경, 푸른 잎사귀 위에 아주 말간 자줏빛 꽃 서너 송이가 피어있는 것이었다. 이 더위에, 이게 무슨 일인지, 꽃 색은 왜 그리도 초연하게 아름다운지.

한두 번 피우다 말겠거니 하던 자목련 나무는 지치지도 않는지, 줄기차게 피고 지기를 반복한다. 어렵게 핀 꽃이 말라비틀어질까 봐 여간 걱정이 아니다. 아무리 말 못하는 식물이라지만 볼 때마다 강렬한 햇빛에 그을리는 그 여리디여린 모습을 바라보면서 안타까워지는 마음으로 힘내라고 응원하는 마음을 금할 수 없었다.

7월 25일경 후배의 갤러리에서 90대 어머니와 50대 아들의 모자 초대전을 연장한다는 연락이 왔다. 얼마나 반응이 좋으면 연장전은 하는 건지 궁금하기도 하고 머리도 식힐 겸 후배도 만날 겸, 오랜만에 문화예술의 거리로 나갔다. 갤러리엔 너무도 다른, 아들의 세련된 기법의 그림과 어머니의 천진한 그림이 걸려 있었다.

내 관심은 당연히 어머니의 동화 같은 순수한 그림에 쏠렸다. 아무런 형식도 기법도 기술도 없이 그저 마음 가는 대로 손이 움직이는 대로 거침없이 표현한 놀이였다. 물감도 쓰고 싶은 대로, 붓질도 마음대로, 그 순간 그리고 싶은 도구로 그린 그림은 그야말로 기법을 초월한 자유분망한 마음을 표현하고 있었는데 그 화사한 색감이 강렬하다. 보고 있노라니 90세가 넘은 노인이 맘껏 그림 그리며 놀고 있는 모습이 떠올라 저절로 미소가 지어졌다. 85세 때 우연히 사과 한 알을 그렸는데 잘 그렸다는 아드님 말에, 경험했던 일이나 고향 풍경, 살던 집 등을 신나게 그렸고 그 결과물이 이 그림들이라는 것이다.

방송 다큐 프로에 며칠씩이나 소개되어 전국에서 관람객이 몰려와 작품이 매진이란다. 평생 그저 이름 없는 촌부로 살아왔던 사람이 다 늦게야 인생의 꽃을 피우고 있는 것이다. 이렇게 늦은 나이에 이럴 수도 있는 일이구나, 그저 그리고 싶은 그림을 맘껏 그렸는데 스포트라이트를 받는 영광의 순간을 맞이하기도 하는구나 싶었다.

순간, 생뚱맞게 나는 기도하는 마음으로 그 노작가의 건강을 걱정하고 있었다. 다행히 걷기만 힘들어 휠체어에 의지할 뿐, 다른 데는 별 불편함이 없다고는 하지만, 생의 말년을 맞이하는 노작가가 그림을 그리며 노는 시간이 연장되기를 진심으로 빌고 빌었다.

생각해 보니 너무 늦어 못할 것은 없다. 피우기에 너무 늦은 나이는 없는 것이다. 이 싱싱한 그림의 기운이 내 생기 잃은 몸에 접목되기를, 내 몸에 스며들어 나 또한 싱싱해지기를 기원했다.

자목련은 그 후로도 한참을 피고 진 다음, 삼복더위가 가실 즈음, 9월 초입에서야 스스로 막을 내렸다.

# 이내 사라질 당신의 초상, 그 후

전북도립미술관에서 '서는 땅 피는 꽃'이라는 제목의 기획전이 열렸다. 주로 7, 80년대 제작되었던 작품을 초대하여 전시한 작품 중에 「이내 사라질 당신의 초상」이라는 10호짜리 작품을 만날 수 있었다. 생필품 가게에서 쉽게 살 수 있는 거울 한 장이 작품이란다. 매우 화려하고 중후한 질감의 고전적인 액자와 공장에서 상업적 목적으로 대량 찍어낸 비인간적이고 차가운 거울을 의도적으로 매치시킨 게 과연 미술작품이라고 할 수 있을지는 모르겠지만 작가는 그 당시 유행하던 포스트모더니즘의 대열에 합류했던 듯 싶었다.

관람객들은 거울 한가운데 매직으로 어린아이가 낙서하듯 삐뚤

삐뚤하게 그려 넣은 사람의 형태 안에 들어가기도, 혹은 밖에 있기도 하면서 어쩔 수 없이 자기 자신을 바라봐야만 한다. 자기의 초상을 들여다보며 각자 제 나름의 상념과 생각에 젖어 들게 될 것이다. 그리고 그 자리를 벗어나면 곧 자기의 초상이 사라지는 걸 깨닫게 됨과 동시에 제목이 주는 철학적 사유를 선물 받는 것이다. 이미 30대의 나이에, 인문학을 기저에 깐 작가는 이러한 파격을 시도해 관객들에게 미술작품은 그저 눈으로 보는 것이 아니고 마음으로 보는 것이라는 걸 설파하고 있었다.

이 작품을 보며 나는 가벼운 충격과 함께 저 유명한 독일의 작가 리히터를 떠올리지 않을 수 없었다. 프라하에 갔을 때 운 좋게 리히터 특별전을 보게 되었다. 대단한 명성대로 구상, 비구상, 사진 등, 실로 다양한 그의 대표작들을 보면서 나아가다 「MIRROR, GREY」라는 130×280㎝의 커다란 작품 앞에 섰다. 1991년 작으로 말이 작품이지, 제목대로 진회색 거울일 뿐이었다. 한참 동안 잿빛 거울에 비친 나의 전신상을 보며, 지나가는 관객들의 모습을 보며 잿빛 거울에서 눈을 뗄 수 없었다. 작가가 작품에서 말하고자 하는 메시지를 좀 더 친절하게 알려주지 않고 그저 「MIRROR, GREY」라고 한 의도를 오래 생각했었다.

그리고 그 후, 9개월 만에 그의 작품을 본 것이다. 와, 리히터보다 한 수 위네. 약이 올랐다. 나는 대체 무슨 짓을 하고 있는 거야.

몇 년 동안 붓은 손도 대지 않고 술만 마시던 그는 나만 보면 "나,

그림을 끊었어!"라며 응석 부리듯 웅얼거렸다. 그 말은 '그리고 싶어 미칠 지경이다.'로 들리고도 남았다.

그러던 그가 어느 날부터 그림에 매달리기 시작했다. 그리고 싶은 열망이 고이고 고여 더 이상 견디지 못하고 활화산처럼 폭발하기 시작한 듯싶었다. 그리고 2년 후, 이곳 예술의전당에 그의 그림이 걸렸다. 잭슨 폴록의 액션페인팅처럼, 여러 색의 물감이 흩뿌려진 화판 위에 하얀 테이프가 가로 세로로 가로질러 놓여있는 「꽃창살」 연작이다. 색감과 형태가 매우 다양하고 밝아 색의 배합이 강렬했다. 하지만 지극히 내 개인적 성향과 안목으로 보면, 화면을 예각으로 분할한 하얀 직선이 거슬렸다. "사람들이 약도 그려 놓았냐고 하더라."고 툭, 한마디 던졌는데도, 뿌리고 붙이고 또 뿌리고 떼어내고 그리며 도를 닦았는지, 그저 피식 웃고 마는 것이다. 그러나 그는 분명 자극을 받았을 것이고 나는 그렇게 그의 진정한 친구가 되어가고 있었다.

그 후로도 화면 위, 무수히 많은 직선과 곡선 위에 물감이 뿌려지고 다양해진 그의 그림은 더욱 두터워졌다. 경제적 빈곤과 육체적 고통이 그를 압박하면 압박할수록 그의 그림은 더욱 가열차게 불타올랐다. 형태의 덩어리가 크고 작아지기도 하고 기호와 문자가 나타나기 시작했다. 그는 점점 몰아의 경지로 빠져들면서 잠도 줄이고 외출도 하지 않고 작품에 미쳐가기 시작했다. 아무렴, 불광불급不狂不及이려니, 미치지 않고 이룰 수 있는 일이 있겠는가.

계속해서 작품을 하다 보면 그게 그거 같은 그림을 그리고 있다는 자괴감에 빠지게 될 수밖에 없다. 그렇다고 단번에 변화를 주려고 억지를 부리면 좋은 작품은커녕 졸작이나 나오기 마련이다. 자기 내면은 그대로인데 무작정 바꾸고자 하면 자기만의 것이 나오겠는가. 그저 사유가 깊어져 가고 계속하다 보면 자기의 철학이나 느낌이 조금씩 변해가고 그러다 보면 신선하고 새로운 작품이 탄생하는 게 아니겠는가.

나는 그의 작품을 분석하거나 비판할 생각이 추호도 없다. 그저 보이는 대로, 느껴지는 대로 볼 뿐이다.

그는 요즘도 그림이 재미있어 아무 짓도 하지 못하고 그 좋아하는 술도 날짜 잡아 마시며 작업만 한단다. 하루해가 긴 여정을 마치고 태양이 서쪽으로 기울어 석양이 질 때가 가장 황홀하고 아름답듯 그도 마치 생이 얼마 남지 않은 것처럼 그렇게 주야장천 그림에만 매달리며 화려하게 비상한다. 그의 열정과 비상이 부럽다. 그런 화가가 내 가까이에 있어서 좋다. 계속해서 지켜볼 일이다. 아무리 약오르더라도.

# 이스탄불의 선물

## 여행, 그 달뜨게 하는

꿈결엔 듯 노래 가락 같기도 하고 타령 같기도 한 남자의 알아들을 수 없이 길게 늘어지는 소리에 눈을 떴다. 어슴푸레한 하늘에 청아한 목소리가 울려 퍼진다.

이게 무슨 소리지? 아! 나는 한참만에야 어렴풋이 어제 이스탄불에 온 게 생각났다. 신을 부르는 이슬람의 아잔 소리가 새벽잠을 깨웠던 것이다. 뜻은 모르지만 곡조가 절절하다.

딸이 깰세라 가만가만 문을 열고 테라스로 나갔다. 여명이 밝아오는 청회색 하늘이 넓고 쌀쌀한 공기는 시원하고 맑다. 바다 건너 아시아 땅이라는 육지가 보이고 갈매기가 끼룩거리며 바로 코 앞에 있는 지붕에 날아와 앉아 알은체를 한다.

아! 이스탄불. 아시아의 끝이고 유럽의 시작이며, 기독교와 이슬람이 혼재하는, 1600년간이나 비잔틴 제국과 오스만 제국의 수도였던 이스탄불. 신과 인간과 자연과 예술이 한데 어우러져 동·서·고·금의 문화가 공존하는 한두 마디로는 도저히 설명할 수 없는 도시, 그곳에 내가 왔다.

꿈은 화려하고 현실은 그저 남루하기만 했다. 그런데 현실이 꿈과 일치하다니, 그야말로 꿈만 같다. 늘 해야만 하는 일들로 복작대던 일상으로부터의 탈출이다. 지금부터 일주일, 해야 할 일은 없고 하고 싶은 짓만 할 수가 있다니, 좋다.

지난 수요일이었다. 바빠서 전화도 잘 안 하는 아이가 문자를 보내왔다. 다음 주가 지난여름에 미뤄둔 휴가기간인 줄 방금에야 알았다며 여행 가자는 것이다.

여행? 여행! 3일 후에 여행? 생각만 해도 흥분되지만 도저히 갈 형편이 못돼 망설이는데 채근하는 문자가 계속 들어온다.

그래, 까짓것, 가자. 가자. 일주일쯤 내가 이 땅에서 사라진다고 무슨 큰일이야 생기겠는가.

밤에 비행기표 예약했다고 문자가 오더니 우산 챙겨라, 기온이 여기와 같으니 입던 옷 그대로 가져가면 된다는 등 계속해서 문자를 보낸다. 목요일과 금요일 내내 다음 주에 할 일 중에 할 수 있는 일은 미리 처리하고 미룰 수 있는 일은 그 다음 주로 미루느라 제법 분주했지만 이미 마음은 들떴다. 토요일 강의를 끝내고 장을 잔뜩 봐 와 풀어놓으니 오밤중이다. 자정이 지나도록 반찬을 만들어 냉장고를 채워놓고 짐을 싸 인천공항행 버스를 타니 벌써부터 피곤이 몰려와 몸은 천근만근인데도 정신은 말짱하다.

이 무슨 느닷없는 사건인가. 아들이 유학을 시작한 후에 내 휴가는 없었다. 휴가는커녕 어느 하룬들 느슨해 본 적이 없었다. 행여 유학자금을 대줄 수 없을까 봐 살얼음판을 걷는 것처럼 조마조마했다. 휴가를 즐긴다고, 여행을 다닌다고 공부를 시키지 못할 바는 아니겠지만 기도하는 마음으로 조심하였던 것이다.

이스탄불까지 12시간의 비행은 전혀 지루하지 않았다. 기내식은 맛있었고 딸과 마시는 와인도 좋았다. 도착한 후 예약해 둔 호텔에 짐을 풀고 나니 오후 4시쯤, 나가자, 우리가 있는 곳이 어느 곳인지 슬슬 탐색하고 싶어졌다. 가벼운 옷을 입고 호텔 문을 열고 나가자마자 웬만하면 호들갑을 떨지 않는 나는 감탄사를 연발하기 시작했다.

"꿈에 그리던 곳이야."

돌을 모자이크처럼 깔아 무늬를 그리고 있는 오래된 길을 따라 골목 양쪽에 노천카페가 자리하고 있다. 좀 더 걸어가니 성벽이 가로막고 서 있어 성벽을 따라 반원을 그리며 나아가니 광장이 나타나고 회색빛 돔이 보였다. 그 유명한 블루모스크다.

원래 이름은 술탄 아흐메드 모스크로 537년에 세워진 아야 소피아 성당을 능가해 짓고 싶은 아흐메드 1세에 의해 1616년에 만들어졌는데 사원 안의 벽면을 장식한 푸른빛의 도자기 타일 때문에 블루모스크라는 애칭으로 더 유명해졌다.

블루모스크와 붉은색의 아야 소피아는 분수대를 가운데 두고 서로 마주 보고 있어서 천년의 간극을 뛰어넘어 400여 년이 지난 지금, 나에게 표현할 길 없는 아름다운 감동을 준다. 가을의 양광을 받으며 옛날의 사연을 짐작하며 그들이 만든 길을 걷고 있는 나는 누구이며 어디로 가는 것일까.

광장을 느리게 걷고 있는 동안 짧은 가을 해는 지고 조명을 받고 서있는 블루모스크의 모습이 노란빛으로 환하다. 어찌 그냥 아름답다고만 말할 수 있겠는가. 환상적인 모습에 자꾸만 꿈을 꾸고 있는 것처럼 현실감이 없어졌다.

월요일, 유적지의 박물관이 문 닫는 날이다. 우리는 수다를 떨다가 느지막하게 나갈 채비를 하고 마치 우리 동네인양 여기저기를 기웃거리며 어슬렁거렸다. 진분홍빛 꽃이 잎사귀 위로 넝쿨째 줄줄이 피어 건물 위로 부케처럼 늘어진 이름 모를 나무가 호텔 옆 하얀 건물에 기대어 이국적인 풍광을 만들어낸다. 추운 몸을 녹이는 따끈한 차이(터키식 홍차)를 마시며 탁자 위에 하얀 천이 정갈하게 깔려있는 카페에 앉아 있으려니 참으로 한가하다.

아, 데자뷰! 몇 년 전에 썼던 「능금이 익을 무렵」이라는 수필의

한 대목이 떠오른다.

어깨의 짐을 내려놓고 전혀 계획 없이 떠나보길 희망한다. 계획하지 않고 되는 대로 떠나는 여행. 낯선 이국의 소슬한 뒷골목을 거니는 상상을 한다. 미로처럼 얽혀있는 소로를 걷다가 지치면 길가 한적한 시골찻집에 들러도 좋으리라. 오래된 목조건물에 삐걱거리는 마루라면 더욱 좋겠지. 향 좋은 차 한 잔 앞에 놓고 앉아서 알아들을 수 없는 나직한 말소리를 들으면서, 그들의 표정과 손짓을 보면서, 인생이 얼마나 아름다운 것인지를 느끼게 될지도 모를 일이다.

이 글을 쓸 때만 해도 이러한 소망이 이렇게 현실로 다가오리라는 생각은 하지 못했다. 마치 글을 읽은 누군가가 내 꿈을 이루어 주려고 일을 꾸민 것 같다.

내일은 또 어떤 일, 어떤 것을 보며 꿈을 꾸게 해주려는지 딸아이는 아까부터 열심히 검색을 하고 있는데 나는 오늘 본 블루모스크와 아야 소피아에 대한 설명을 읽고 있다. 읽다가 졸리면 스르르 잘 것이다.

## 이루어지지 않는 사랑은 예술을 낳는다

여행 3일째, 8대 불가사의 건축물 중의 하나라는 아야 소피아 성당으로 발걸음을 옮겼다. 비잔틴 건축의 상징이자 최대 규모인 아야 소피아가 1500여 년이나 지진에 무너지지 않고 튼실하게 서있는 것도 불가사의한 일이지만 기둥 하나 없이 그 큰 돔(직경 32.5 m)을 지탱하고 있다는 점이 기이하다는 것이다. 지혜라는 뜻을 지닌 아야 소피아는 916년 동안은 성당으로, 481년 동안은 이슬람 사원으로 사용되다가 1934년부터 박물관으로 바뀌었다고 한다.

TV 여행 프로그램에서 여러 차례 본 내부의 돔과 곳곳에 걸려 있는 성화를 보기도 하고 소망의 기둥 구멍에 엄지손가락을 넣고 한 바퀴 돌리면서 소원을 빌며 천사의 약속을 믿어본다. 이층의 벽화 중에는 콘스탄티누스 9세와 황후 조에가 예수에게 헌금을 봉헌하는 장면이 있다. 재미있는 것은 황후 조에는 세 명의 남편이 있었는데 콘스탄티누스 9세 자리에 첫 번째 남편의 모자이크가 있었고 그가 죽자 그 모자이크에 두 번째 남편이 들어가게 되었는데 그도 죽자 세 번째 남편인 콘스탄티누스 9세가 그 자리를 차지하게 되었다. 그러니 첫 번째 남편의 몸에 얼굴만 세 번째 남편의 얼굴이 있는 것이다.

딸은 이스탄불에 관한 책을 던져주더니 심심하면 물어본다.

"아야 소피아를 지은 사람은?"

"유스티아…, 아니 유스티니아누스 황제."

여행 4일째, 딸은 9시부터 오후 4시까지 하는 현지투어를 하기로 한 것 같다. 아침 7시, 오늘도 호텔 식당은 우리가 첫손님이다. 딸아이는 접시에 또 계란 스크램블을 수북이 담아온다. 어릴 적 길들여졌던 입맛을 극복하기 어려운 것 같아 미안한 마음이 상처로 다가온다. 밥을 먹여 놓고 작업실에 나가야 하니 아이들한테 미안한 일이지만 빨리 할 수 있는 반찬을 해야만 했다. 뭐든지 가리지 않고 잘 먹어주던 아이들한테 반찬이 마땅찮으면 해 먹였던 게 내 식의 스크램블이었다. 갖은 야채를 다져 넣고 계란에 우유나 물을 약간 섞어 젓가락으로 재빨리 저으며 익힌 계란탕에 밥을 비벼주면 잘 먹었던 기억이 새삼스럽다. 아이들이 다 자란 후에는 한 번도 해본 적이 없는 음식을 여행 와서 딸하고 실컷 먹어본다. 아이들도 어리고 나도 철없어 엄마노릇이 미숙했던 시절의 기억을 먹는다.

커피를 마시며 식당 테라스에 나가 나른하게 졸고 있는 고양이를 찍기도 하는 등 느긋한 아침시간을 보낸 후 히포드럼 광장을 지나 트램(터키의 지상철) 철로를 따라 한 정거장 정도의 거리에 있는 여행사를 찾아갔다.

현지투어를 하는 장점은 짧은 시간 내에 자세한 설명을 들으며 가장 유서 깊고 아름다운 유적을 볼 수 있는 것이랄 수 있겠다.

기독교도인 미켈란젤로가 존경해마지 않던 천재적인 이슬람인 건축가 미마르 시난을 만나러 보스포러스 해협을 건너 아시아 지구로 향했다.

예니체리 군단에 입대한 시난은 쉴레이만 술탄의 눈에 띄어 평생 국가를 위한 건축물만 짓는다는 조건으로 건축가의 길을 걷게 되고 시장 병원 학교 등을 짓는다. 그러다가 20세 되던 해에 술탄의 딸 미흐리마 공주와 사랑에 빠지게 된다. 술탄은 공주를 위한 사원을 지으라고 명령하고 시난은 사랑하는 여인을 위해 바닷가에 아름다운 미흐리마 술탄 자미를 짓는다. 술탄은 시난의 천재적 재능과 진실한 마음에 감동하여 술탄 역시 아버지가 신분이 미천한 어머니와 결혼하였으므로 자기도 천한 사람의 아들이라며 공주와의 사랑을 허락한다. 그러나 공주가 어릴 때 결혼을 약속한 세력가 류스템 파샤의 협박에 못 이겨 하는 수 없이 정략결혼을 시킨다. 마음에도 없는 사람과 결혼한 공주는 미흐리마 술탄 자미가 잘 보이는 언덕에 올라 해가 질 때까지 자미를 내려다보고는 했다고 한다. 100세까지 살았던 시난은 평생 결혼하지 않고 독신으로 살면서 1300여 개의 건축물을 짓고 보수하는 데 일생을 바쳤다.

이웃 나라의 왕이 사랑하는 왕비의 무덤을 지어달라는 부탁을 했다. 조국의 공공건물만을 짓기로 한 술탄과의 약속 때문에 거절할 수밖에 없었지만 사랑하는 사람을 잃어버린 슬픔을 너무도 잘

알기에 시난은 제자의 이름으로 만든 설계도를 보냈다. 그 설계도대로 지어진 건물이 인도의 타지마할이라고 한다.

시난은 90세에 3년 동안이나 투병한 후에 공주를 위해 유럽지구에 미흐리마 술탄 자미 하나를 더 짓는데 혼자 남은 자신을 상징하여 첨탑을 하나만 세운다. 천문학에도 능했던 시난은 공주의 생일인 3월 21일인 낮과 밤이 같아지는 춘분에 아시아지구 사원 첨탑 꼭대기에 지는 해가 걸리는 바로 그 시각에 유럽지구 모스크의 첨탑에 떠오르는 달이 걸리는 광경을 볼 수 있도록 만든 것이다. 만날 수 없는 해와 달, 평생을 사랑하는 사람과 같이 할 수 없었던 미마르 시난.

시난은 공주의 죽은 남편을 위한 류스템 파샤 사원을 짓는다. 자신의 사랑을 무참히 무너뜨린 정적까지도 포용한 시난의 경지는 어디까지인가.

한 편의 슬프고 아름다운 드라마를 본 듯한 러브스토리였다. 이루어지지 않는 사랑은 예술을 낳고 예술은 사람의 마음을 정화한다. 가슴이 먹먹한 채 투어가 끝났다.

어미의 부실한 기억력을 염려하는지 딸은 묻고 또 묻는다. 갈라타 다리의 고등어 케밥을 먹으러 거리를 걸어가며, 터어키의 찰떡처럼 쫀득한 아이스크림을 먹으며, 야경을 보러 언덕을 오르며.

"모스크의 첨탑이 하나면?"

나는 의기양양하다. 첨탑이 하나면 개인이 기부해서 지은 거고 두 개면 왕족이, 세 개면 국가나 정부가, 네 개면 왕이 지은 거라고.

"그럼 블루모스크의 첨탑은 왜 여섯 개인데?"

아흐메드 1세는 아야 소피아보다 더 뛰어난 모스크를 짓고 싶어 첨탑을 금으로 만들라고 지시를 했는데 금이라는 말을 발음이 비슷한 여섯이라는 말로 잘못 들어 6개를 만들고는 첨탑이 4개인 아야 소피아보다 많게 하려고 했다고 둘러대 왕의 명령을 수행하지 않은 죄를 모면했다고 한다.

딸은 또 묻는다. "갈라타 탑에서 터키 최초로 하늘을 날아오른 사람의 이름은?"

"열 자나 되는 사람 이름을 어떻게 기억해?"

딸은 막무가내로 반복해 저절로 외워졌지만 나는 또 금방 잊어버린다.

"헤자르펜 아흐멧 첼레비."

딸은 지치지도 않고 일러주고 나는 듣는 대로 잊어버렸는데 이 글을 쓰는 지금은 용케 기억난다. 머지않아 깨끗이 잊어버릴 것이지만 그 또한 아쉽지는 않을 것이다.

## 다시 떠날 수 있을 것이니

여행 마지막 날, 아침부터 비가 내린다. 거리의 깔린 돌도 젖고 세월의 더께가 얹힌 성벽도 젖고 모스크의 돔도 젖는다. 하늘과 거리는 온통 암회색으로 촉촉하다.

며칠째 돌아다녀 이제는 제법 낯익은 유적지를 계획 없이 걷다가 열린 문 사이로 옛 왕가의 무덤을 본다. 한때는 온갖 호사를 누리고 살았을 사람들. 천하를 호령했던들 그들이라고 인생의 고난이 없었을 것인가. 삶의 영욕을 뒤로하고 이제는 이 작은 정원에 비석으로 서 있다. 줄이어 서 있는 비석들 위에 눈물처럼 빗물이 흘러내린다. 죽은 사람들은 비석으로 서 있고 나는 살아서 그들의 삶을 유추한다. 그렇게 삶과 죽음의 경계에 서서 생각한다. 어떻게 살아야 잘 사는 것인가를. 그러나 죽은 이는 말이 없다.

삶이 무거워질 때면 부모님 산소가 있는 교회의 부활공동묘지를 가고는 했다. 부모님이 주신 사랑과 헌신을 갚을 길 없어 눈물겨워지기도 하고 못 견디게 보고 싶어져 우두커니 서서 줄줄이 누워있는 봉분을 바라보고 있노라면 삶의 허망함이 온몸으로 스며들기도 했던 것이다. 또 언제부턴가 묘지를 돌며 묘비명과 생몰연대를 읽으며 그 묘지 주인의 생을 가늠해보는 버릇이 생겼다. 결국에는 땅으로 돌아가고 말 것을.

정녕 잘 사는 건 어떤 것인가. 어떻게 살아야 하는가. 미래를 살아본 적 없으니 생이란 늘 처음 겪는 일일 수밖에 없다. 순간의 결단이 기다리고 우리는 지체할 수도 없이 무모한 판단을 해야 한다. 작년의 생과 금년의 생이 다르고 어제의 시간과 오늘의 시간이 다르니 늘 더듬거리고 어렵지만 비 온 뒤에 무지개가 뜨기도 하니 그래도 살아볼 만하지 않은가.

이스탄불 어디를 가나 관광객들로 북적이더니만 비 오는 귤하네 공원은 오직 우리뿐, 거니는 사람 하나 없이 적막하다. 톱카프 궁전에 딸린 정원이었던 귤하네 공원은 바닷가의 성벽 안에 있어 키 큰 나무들이 들어찬 오솔길을 걷다 보면 그 길 끝 바닷가에 차를 파는 노천카페가 있다. 맑은 날 바다를 보며 해풍을 맞으며 차 한 잔 마시면 풍광이 좋겠지만 우리는 비 젖은 탁자를 뒤로하고 그냥 돌아서야만 했다.

왔던 길을 되돌아가는 건 싱겁다. 왼쪽으로 접어들어 아야 소피아 뒤쪽을 봐야겠다니 딸아이는 짓궂은 관광객이란다. 오르막길 옆 차고처럼 보이는 곳에 영혼이 자유로운 화가가 전시회를 하고 있다. 화가도 관람객도 없다. 어느새 비는 그치고 색감이 화려한 정크미술은 밝고 환해서 생동감이 느껴진다.

조금 더 오르니 키 큰 성벽에 기대 서있는 하얀 집들이 오밀조밀한 소품가게로, 조그만 호텔로, 도서관으로, 터키 식 레스토랑으로 제 몫만큼 예쁘다. 겨우 사람 하나 지나갈 만큼의 좁은 길이 나 있기도 하고 좀 더 큰 길로 연결되어 우리는 오르락내리락하면서 이국적 정취를 즐겼다.

오래된 길을 걸으며 옛사람의 삶과 내 유년의 골목을 떠올려보기도 하고 어쩌면 내세의 삶터일지도 모른다는 생각이 들기도 하면서 맘껏 상상하고 몸으로 느끼기도 해보는 것이다. 길은 참으로 익숙하고 편안하고 아름다워서 언젠가, 혹 전생에서라도 걸어봤던 느낌이다. 역시 내 몸에는 보헤미안의 피가 흐르고 있나 보다.

호텔로 돌아오며 주변의 디자인 숍을 기웃거리니 붙임성 좋은 남자 주인이 느물거리는 웃음을 날리며 가게 안으로 끌어들여 서투른 영어로 상품을 설명하더니 내 손의 은반지를 보며 자기한테 팔고 가란다. 비행기 값이나 주면 몰라도 안 판다고 했더니 디자인이 마음에 든단다. 이스탄불의 남자는 너무 친절해서 느끼하고 마치 사기꾼처럼 수상한 웃음을 흐물흐물 날리는 바람에 통 믿을 수가 없다. 하지만 어떠랴. 피차에 엉터리 영어 구사하는 수준은 비슷해서 손해 볼 것도 없으니 수작에 적당히 맞장구치며 눙치는 맛도 그럭저럭 괜찮았다.

놀이처럼 기분 좋은 윈도우쇼핑을 마치고 지붕을 덮은 노천카페에서 점심을 먹었다. 값도 적당하고 처음 먹어보는 터키 음식 맛도 좋은 편이다. 친구 같은 딸과 먹는 음식인데 무얼 먹든 맛있지 않은 게 있으랴.

에미뇨뉴 선착장 뒤쪽에 있는 예니 모스크 옆에 있는 레스토랑의 총책임자는 자세가 꼿꼿하고 마른 노인이었는데 조용하고 깐깐하게 책임을 다하는 모습이 참 멋있어 보였다. 실토하자면 이제껏 사용해본 중에 가장 깨끗하고 편리한 화장실과 그를 만나러 그 집엘 한 번 더 찾아갔다.

머리가 허연 노인이 바이올린을 연주하는 노천카페에 앉아 와인을 마시며 딸은 드러내 보이지 않던 속내를 털어놓기도 하고 다음에 가고 싶은 곳을 물어보기도 하면서 하얀 이를 반짝이며 웃었다.

보스포러스 연안에 위치해 화려함의 극치를 이룬 유럽풍의 궁전, 오스만 제국이 국내외로 가장 어려운 시기에 건축되었으며 터키의 국부이자 초대 대통령 아타튀르크가 임종한 곳이기도 한 돌마바흐체 궁전과 영화 오리엔탈 특급열차의 기착지와 어마어마하게 넓고 없는 게 없다는 그랜드 바자르, 메두사의 머리가 거꾸로 박혀있는 지하궁전.

요 며칠 동안 보고 듣고 말하고 먹고 걸어 다닌 기억들, 오롯이 딸하고 나눴던 교감은 내 의식 밑바닥에 숨어 있다가 필요할 때마다 행복했던 순간으로 망막에 나타날지도 모른다. 그러면 나는 다시 새 힘을 얻어 씩씩하고 밝게 깨어나 걸어갈 것이다.

아쉽지만 이제는 돌아가야 할 시간, 의무는 없고 자유만 있었던 날들을 뒤로하고 해야 할 일들이 기다리고 있는 내 나라로 가야 한다. 돌아갈 곳이 있다는 것은 얼마나 다행한 일인가. 다시 생각해보면 해야 할 일이 있다는 건 얼마나 좋은 일인가. 감사하고 감사하다. 머지않아 다시 떠날 수 있을 것이니.

집으로 돌아왔다. 다시 시시한 일상이 시작되었다. 밥하고 빨래하고 집을 나선다. 부재중에 어그러진 일을 겨우 주워 담고 내 몫의 걱정거리를 가슴에 달고 정신없이 또 일주일을 산다. 그리고 토요일 오후가 되면 몸은 천근만근 파김치가 된다. 그러나 나는 예전의 내가 아니다.

# 프라하에 가면

## 1, 리히터와 에곤 실레

프라하에 막 도착했을 때만 해도 리히터와 에곤 실레를 만나리라고는 전혀 예상치 못했었다.

로마와 프라하 중에 가고 싶은 곳을 선택하라고 했을 때 선뜻 프라하를 고른 건 그저 로마보다 프라하의 어감이 좀 더 푸르고 서늘해서였다. 아니, 아직, 로마는 아껴두고 싶었는지도.

비행기 안에서 프라하의 명소 몇 개를 검색한 게 다였으니, 도무지 프라하에 대해서는 무지하기 짝이 없었다. 단지 '프라하의 봄'과 '프라하의 연인'의 상반된 이미지로 머리에 박혀있다고 해도 과언이 아니다.

도착한 다음 날 우버 택시를 타고 구시가지 광장으로 향했다. 600년도 넘는 천문 시계탑이 있는 광장이다. 아직도 작동되고 있어 매시 정각에 나타나는 예수의 열두 제자를 보려고 몰려든 관광객으로 인해 서 있을 틈이 없을 정도였다. 고딕, 바로크, 로코코 양식의 건물이 늘어서 있는 광장에 들어서니 청동색 동상이 첫눈에 들어왔다. 카를 대학교수이자 종교개혁가로 처형당했던 얀 후스 동상이다. 그 동상을 보면서 시대와 지역을 막론하고 정의와 진실의 편에 섰던 선구자는 제 명대로 살 수 없다는 사실이 새삼스러웠다.

자유여행의 좋은 점은 목적 없이 그저 발길 닿는 대로 눈길 가는 대로, 느린 걸음으로 산책하듯 여기저기 기웃거릴 수 있는 것이기도 하다. 광장을 어슬렁거리다 국립미술관을 발견하고는 들어갔더니 리히터전을 하고 있었다. 생각지도 않게 리히터를 보게 되다니, 반가웠다.

게르하르트 리히터는 사진과 회화, 추상과 구상, 채색화와 흑백화의 경계를 넘나들며 회화의 영역을 확장시켰다는 평을 받는 독일 드레스덴 출신의 현대작가이다. 화집에서나 보던 작가의 다양한 전시작품뿐만 아니라 작업하는 영상까지 볼 수 있던 귀한 시간이었다. 뜻밖에 리히터를 보게 되다니!

다음날 유네스코 세계유산으로 지정된 체스키 크룸로프로 향했다. 체스키는 마치 동화에 나오는 듯한 중세 유럽의 분위기가 물씬 풍기는 아주 작은 마을이다. 크룸로프 성에서 내려다본 체스키 마을은 조그만 냇물이 감싸듯 흐르고 있어 한료하고 평화로웠으며 체스키의 하늘은 파랗고 맑아 깊었다. 이런 하늘빛을 본 게 언제던가. 이곳에서 몇 달만 살아봤으면.

건물이나 거리는 이국적이지만 나를 감도는 쾌적한 공기는 마치 어릴 적 냇가 옆 동네에 자리 잡고 있던 외가에 온 듯 안온하다. 성에서 내려와 냇가에 자리한 레스토랑에 자리를 잡았다. 여행길에서 좋은 정보를 준 아가씨에게 대접하기로 약속한 점심을 먹으며 마시던 흑맥주의 맛은 또 얼마나 혀끝을 쌉쌀하고 부드럽게 감돌았던가. 실연의 상처를 잊기 위해 떠나온 여행에 우리 모녀를 만나 느낀 게 많다던 아가씨는 이제 다 잊고 씩씩하게 앞날을 설계하고 있을까.

긴 점심을 먹고 난 후, 어슬렁거리다 이 조그마한 거리에 있는 걸 우연히 발견하게 된 에곤 실레 아트센터에 들어갔다. 28세에 요절한 오스트리아 출신의 천재화가, 에곤 실레는 미술아카데미에 입학한 해에 퇴폐적이고 도발적이며 에로틱한 화풍으로 화단에 알려진 클림트를 만났다. 실레의 천재성을 알아본 클림트는 그를 전시회에 초대하고 작품을 교환하고 후원자를 소개하는 등 여러 가지로 도움을 준다. 그리하여 실레는 클림트의 영향을 받지만, 곧 자기만의 색깔을 띠기 시작한다. 실레는 어머니의 고향인 체스키를 사랑해서 이곳에 작업실을 마련하고 얼마 동안 살았다고 한다. 그림이 외설적이라는 이유로 투옥되기도 하고 어린 소녀를 모델로 고용해 체스키에서도 쫓겨나지만 그후, 그의 그림은 명성을 얻어 그림값이 오르고 초상화 주문이 많아진다. 그러나 스페인 독감에 걸려 너무도 이른 나이에 아깝게 사망하게 된다.

전시장엔 인물보다 풍경화가 더 많이 전시되어 있었다. 도발적이고 외설적이라는 평을 받은 실레의 여인들을 그린 그림은 더러 볼 수 있었고 나는 그의 인물화가 좋았다. 거기에 반해 그리 많이 알려지지 않은 풍경화를 이렇게 많이 볼 수 있던 건 그야말로 뜻밖의 행운이었다. 주로 체스키를 그린 풍경화는 인물의 선처럼 예민하고 신경질적이지만 체스키의 밝은 태양과 하늘과 바람을 표현한 평면이 밝고 환했다.

그 옛날, 내로라하는 한 서양화가가 유럽의 미술관 투어를 하고 돌아와 유럽인들이 이미 몇백 년 전에 이루어놓은 것들의 발뒤꿈치만큼도 못 따라가는 짓 그만하겠다며 붓을 꺾어버렸다고 내게 고백하던 게 떠올랐다. 리히터를 보면서 에곤 실레를 만나면서 나야말로 그림 그린다는 말을 함부로 할 게 못 되지 않는가, 싶은 생각이 스멀스멀 피어오르는 것이다.

## 2, 존 레논의 벽

구시가지에서 프라하성 쪽으로 볼타바강을 가로질러 놓여있는,

아름답기로 유명한 까를교를 지나면 예쁜 카페와 레스토랑이 있는 조그마한 길이 나온다. 그 길을 구부러져 내려가면 긴 담벼락에 알록달록하게 그려져 있는 그래피티를 만나게 된다.

1968년 '프라하의 봄'이라 불리는 학생들의 반정부혁명은 불과 몇 달을 못 버티고 끝나버리고 만다. '프라하의 봄'이 실패로 끝나고 실의에 빠진 시민들은 비틀즈의 노래를 들으며 위로를 받았다. 자유를 억압당하던 시절 특히 존 레논의 「이매진」은 체코 시민들에게 평화와 자유에 대한 열망과 더불어 큰 위로를 주었다. 그러다가 1980년, 존 레논이 총에 맞아 사망하자 시민들이 존 레논을 기리기 위해 「이매진」의 노랫말과 존 레논의 얼굴을 벽에 그리며 그를 추모하기 시작한다. 그 벽은 몰타공화국 대사관 담이었다고 한다. 공산정권에 저항하던 반정부세력들이 자유와 평화에 대한 갈망으로 그 벽에 자기 목소리를 내기 시작하면서 몰타대사관 담벼락은 그렇게 그림이나 글로 채워지기 시작하지만, 정부는 눈엣가시인 그 벽에 있는 것들을 지우지 못했을 터다.

내가 본 그날의 그래피티는 그 어디서 보았던 것보다, 그 어떤 위대한 작가의 작품보다 훨씬 회화적이고 다양하고 화려하고 강렬한 색감과 형태를 나타내고 있었다. 무계획적이고 의도되지 않은 불특정 다수의 낙서 같은, 그것들이 어떻게 그렇게 회화적일 수 있는지, 너무도 충격적이어서 숙소로 돌아오자마자 인터넷에 올라와 있는 '존 레논의 벽'을 찍은 사진들을 뒤져봤는데도 하나 같이 좋은, 그러나 각각 다른 색감과 형태를 보여주는, 그야말로 자연스러운 작품들이었다.

일주일의 짧은 일정 동안 돈 조반니의 초연극장에서 본 오페라 돈 조반니, 프라하성의 야경, 독일의 피렌체라는 드레스덴의 군주의 행렬 벽화, 성당의 파이프오르간 연주, 거리 카페의 흑맥주, 마치 남녀가 마주하며 춤을 추는 듯한 댄싱타워 등 눈과 귀와 입이 호강한 프라하 여행에서 많은 생각을 하게 해준 건, 그 어느 것도 아닌 존 레논의 벽이었다.

1989년 무혈혁명에 의해 체코 공산정권이 붕괴된 후에도 존 레논의 벽에는 여전히 세계인의 목소리와 낙서와 그림이 행동하는 사람들에 의해 시시각각으로 바뀌고 있다.

많은 사람들의 행동이 합하여 소리를 낸다. 독불장군은 없다. 큰 소리, 작은 소리가 합하여 같은 목소리를 낸다.

소리에 소리가 묻히고 되살아나며 색과 색이 뒤섞여 한 살이 된다.

이 세상에 있는 색이란 색이 한데 모여 조화를 이룬다. 삐뚤빼뚤한 선과 직선과 원과 색면이 모여 각각의 개성을 잃지 않으며 서로를 포용한다.

그 그림들은 시시각각으로 변하며 끊임없이 살아 움직인다.

살아 움직이는 것들은 썩지 않는다.

존 레논의 벽이 우리에게 주는 교훈이다.

# 같은 곳 바라보기

강의를 하러 일주일에 한 번씩 이웃에 있는 도시를 오간다. 아침 출근시간대여서 차가 밀리면 늦을까 봐 마음이 분주하다. 앞차가 느릿느릿 얼쩡거리기라도 할라치면 조바심이 나다 못해 짜증이 스민다. 보통 땐 별 신경도 쓰이지 않던 신호는 자동차전용도로 중간중간 어찌나 많은지. 그러나 외곽에서 진입하는 차들이 거의 없어서인지 하나같이 바쁜 차들은 신호를 곧잘 무시하고 질주한다. 빨간 불이 들어와 차를 세워야 할 때면 뒤에서 내 차를 칠까 봐 비상등을 켜고 주춤주춤 나가며 뒤에다 무언의 신호를 보낸다. 그러면 어떤 차는 아예 옆길로 빠져 돌아나가기도 한다. 중앙선 침범이다. 심지어 클랙슨을 울리는 차도 있다.

"어쩌라고? 자기나 신호를 어길 일이지, 나까지 어기라고?"

괘씸해진다. 그러나 뒷차 운전자가 "차 한 대도 안 오는데, 미련하게 서 있는 놈 만나 늦겠다."고 구시렁거릴 법도 하다. 그러거나 말거나 나는 전혀 개의치 않는다.

매의 눈으로 좌우를 살핀 후 나갔는데도 어느새 나타난 시커먼 멧돼지 같은 차에게 내 차 옆구리를 들이받힌 경험이 있다.

신호등은 지키려고 있다. 빨간불이 켜지면 정지해야 하는 것은 약속이며 법이다. 그런데도 아침 출근길 자동차 전용도로에서 신호를 지키려면 용기가 필요하다. 오죽하면 신호 잘 지키는 남자하고 결혼하겠다는 후배의 딸아이가 특별해 보일까.

위험을 무릅쓰고 차를 세운다. 옆 차선과 앞에서, 몇 대의 차가 씽씽 지나쳐 가고 나면 차 한 대가 서기 시작하고 눈치를 보던 차들이 서서히 서게 된다. 운전해 보면 알겠지만 그래 봐야 5분쯤 더 걸린다.

살다 보면 빨간 불이 켜질 때가 있다. 그때는 일단 정지해야 한다. 한 번쯤 좌우의 풍경도 살펴보고 하늘을 우러르며 심호흡을 해볼 일이다. 파란불이 들어올 때까지 마음의 기아를 중립으로 놓고 한숨 돌린 후, 새 힘을 얻어 다시 출발하는 거다. 뒤처지는 것 같지만 그게 아니다.

언젠가 TV 다큐방송에서 실험을 했다. 한 사람이 하늘을 가리키며 서 있다. 다른 사람이 가리키는 곳을 바라보고 그 옆에서 또 한 사람이 같은 곳을 보는 순간 지나가는 사람들이 멈춰 서서 같은 곳을 보기 시작한다.

한 사람이 두 명의 동조자를 이끌어내면 다수가 따르게 되고 그 사회가 바뀌게 되는 것이다.

그러므로 나부터, 신호를 지킨다. 우리 사회가 바뀌게 될 것이다.

친구가 내게 말했다. "제법 머리가 잘 돌아가는 사람이 가끔씩 답답하고 맹한 구석이 있다."고. 그 말을 나는 내 멋대로 칭찬이라고 믿는다.

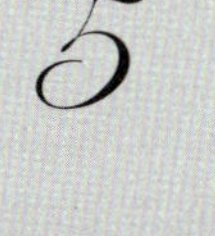

# 박씨네 딸들

# 박씨네 딸들
## — 충양 고모할머니

나의 증조부는 진안군 학선리에서 두 분의 아드님과 네 분의 따님을 낳아 일가를 이루셨다.

큰아드님이신 조부는 아버지가 태어난 지 2년도 되지 않아 한참 웅지를 펼칠 나이에 홍역을 앓아 갑자기 돌아가셨고 증조부모와 작은할아버지, 고모할머니들이랑 청상과부가 된 우리 할머니와 아버지가 한집에서 살았다고 한다.

아버지는 신식문물이나 신학문에 심취하여 집에 조카들이 방문해 큰절을 올리려 해도 악수로 대신하자는 양반이었다.

그러니 당신 조부에 대한 얘기를 거의 해준 적이 없을 뿐만 아니라, 양반 타령은 입에도 올리지 않으셨다. 심지어 명절을 쇠러 오신 작은할아버지가 우리를 앉혀놓고 몇 대조 할아버지는 정승을 하시고 몇 대조 할아버지는 판서를 하셨다며 양반집 자손임을 명심하고 각별히 행동거지를 바르게 하라시며 어깨에 힘이 팍 들어가는 걸 보면서도 가시고 나면, 양반이 상놈보다 잘한 게 뭐 있냐며 쓸데없는 소리라고 우리를 다잡고는 하셨던 것이다.

기억을 거슬러 올라가, 증조부모 제삿날이 오면 네 따님 중 살기 바쁜 다른 고모할머니는 오시지 못하고 오직 비봉면 내월리에 사시던 충양 고모할머니와 전주의 작은할아버지 내외분이 해마다 당신들 부모님 제사를 모시러 오셨다. 그러다가 작은할아버지 댁이 서울로 이사 가면서는 내월 고모할머니가 유일한 제사 손님이 되었다. 할머니는 한복차림에 농사지은 콩이나 팥 같은 곡물을 머리에 이고 오시고는 했다.

내가 초등학교 4, 5학년이나 되었을까. 그 해도 제삿날이 오자 고모할머니는 일찌감치 찹쌀 한 됫박쯤 머리에 이고 오셨다. 오전 수업을 마치고 돌아온 내게 고모할머니는 『심청전』이나 『춘향전』, 『장화홍련전』 같은 고전소설을 암송해 주시기도 하고 옛날 이야기도 해주시곤 하셨는데 음률을 맞춰 흥얼거리듯 낮은 목소리로 읊조리는 모습이 어린 내게는 어쩐지 구식인 듯도 싶고 좀 낯설기도 했지만, 어느새 나는 이야기 줄거리에 빠져들고는 했다.

그렇게 시간을 보내다가 아버지가 퇴근해 돌아오는 기척이 나면 할머니는 그야말로 버선발로 뛰어나가 반기셨다.

"태양보다도 환하고 달님보다도 귀한, 이 세상에서 하나밖에 없는 우리 조카님, 오시는가?"

기억력이 불량한 내가 아직도 이 말씀을 생생하게 기억하고 있는 것은 마치 신파극의 대사 같은 할머니의 말씀이 너무나 웃기기도 하고 좀 이상해서였을 것이다.

할머니의 진가는 제사가 끝나면 발휘되기 시작했다. 음복주를 단숨에 쭈욱 들이켜고는 아빠의 큰자식인 나, 고작 초등학교 5학년짜리 아이에게 잔을 따라 주시면서 써서 못 마신다는 말에 하시는 말씀이 걸작이다.

"박씨네 딸년들 중에 술 못 먹는 딸 있간디?"

누가 성씨가 뭐냐고 묻거든 "박가예요."라고 대답해야 한다던 할머니는 이때만큼은 꼭 박 씨를 강조하셨다. 당신이 반남 박씨였던 게 자랑스러웠던 것 같다.

할머니 덕에 나는 일찍이 술맛을 보아야 했고 지금의 술맛은 그때부터 익힌 것이라 해도 과언이 아니리라.

"내가 말이다, 우리 동네 연애편지 대필가였니라."

그때도 연애편지를 썼냐니 "동서고금을 통해 연애 없던 시대는 없었단다."고 말씀하시던 모습을 어찌 잊을까. 그 쪼그마한 게 무엇을 안다고 그리 솔직하게 속내를 보이셨을까.

동짓달 기나긴 밤에 청상에 혼자된 우리 할머니인 당신 올케언니를 꼬드겨 광 속에 담가놓은 술을 퍼다가 따님들이 밤새 퍼마시며 놀아도 증조부는 모른 척 눈감아 주셨다며 당신 아버지에 대한 추억을 되뇌이곤 하셨다.

남존여비 사상이 만연해 있던 그 시절에 따님들한테도 항렬자인 볕 양陽을 써서 이름을 지어주신 증조부의 영향을 받아 그 당시로는 상상하지 못할 정도로 활발하고 자기 생각을 분명히 밝히는 삶을 사셨을 거라는 걸 짐작을 할 수 있었다.

할머니는 4남 3녀를 낳아 기르셨다. 큰아드님은 원광대 국문과 교수이며 한문학자이고 한국 예총 이리지부장을 역임한 조두현 시인이다. 중학교에서 두현 아저씨한테 한문을 배운 일이 새삼스럽다. 두현 아저씨의 문재文才는 분명 할머니한테 물려받은 것이리라, 그때도 나는 그리 짐작했었다.

중고교 시절, 두현 아저씨 아들들과 할머니 댁에 두세 번 갔었다. 여름방학 무더운 날씨에 익산 시외에서 걸어 산 하나를 꼴딱 넘어가면 내월이었다. 할머니 댁 고샅의 옹달샘에 차고 맑은 물이 퐁퐁 솟아올라 고여있던 게 신기했다. 지금도 그 옹달샘이 남아있을까. 그리라면 그릴 수 있을 만큼 어제인 듯 눈에 환하다.

키 큰 나무가 그늘을 드리우고 있는 울안으로 들어가면 할머니는 아궁이에 불을 때 하지감자를 쪄주시고는 했다. 한 번은 안 계시기에 산 아래 일군 가파른 밭으로 할머니를 찾아 한참을 걸어가니 땡볕에 밭을 매고 계시기도 했다.

말년에, 두현 아저씨 댁에 의탁하고 계실 때였다. 아버지는 나를 데리고, 엄마가 끓여준 잣죽을 가지고 할머니를 자주 찾아뵙고는 했다. 아래채 손바닥만 한 방에 들어가면 이불 밑 아랫목에 손부터 넣어보던 아버지 모습도 생생하다. 할머니는 겨우 사과 두 쪽에 배부르다며 손사래를 치셨다. 어린 마음에도 너무 조금 드신다는 생각이 들 만큼 소식을 하시며 평생 과식하는 모습을 뵌 적이 없다.

돌아가실 때까지 꼿꼿이 앉아 손에서 책을 놓지 않으신 할머니.

"너, 무슨 띤 줄 알아?"

"토끼띠!"

"생일은?"

"오월 초하루!"

"할머니도 토끼띠, 오월 초하루 생이란다."

기억도 잘 나지 않을 때부터 할머니는 내게 물어보시곤 했다. 보기도 아까운 친정 맏조카의 큰딸내미가 사주 중에 삼주가 같으니 유독 마음이 많이 가는 손녀였던 듯싶은 게, 왜 안 그렇겠는가.

돌아가시기 직전까지도 책을 읽으셨다는 할머니는 아드님 두 분을 앞세우고서야 99세를 일기로 세상을 하직하셨다.

다 닮아도 그 점만은 닮지 않기를.

# 박씨네 딸들

— 아름다웠더라

카톡! 고모가 보낸 문자가 지구 반 바퀴를 돌아왔다.

고모는 나이 드시면서 잠도 없어져 가나 보다. 아니면 내 시간에 맞춰 잠을 줄여가며 소통을 하고 싶은 건지도 모르지만.

아버지의 사촌 동생인 승민 고모는 영문학을 전공한 교사였다.

내가 초등학생이던 어느 날, 그 당시로는 보기 드문 인텔리젠트였던 고모는 꽤 큰 키에 하이힐을 신고 나타나, 우리랑 같이 살기 시작했다. 아버지와 같은 학교, 같은 영어를 담당했기 때문에 같은 교무실을 썼고 같은 시간에 엄마가 싸준 같은 도시락을 먹었다. 아버지는 행여 엄마가 허술히 싸주지나 않았나 하는 생각에 고모의 도시락 반찬을 슬그머니 들여다보고 가시곤 했다며, 세월이 흐른 후에도 "너희 엄마가 그럴 사람이냐?"며 자기 오빠와 올케의 정을 그리워하고는 했다. 가난한 살림에 고모도 덩달아 우리 집에서 열악하게 살아야 했지만, 정성을 다해 싸는 엄마의 도시락은 예쁘고 맛있기로 정평이 났다고 했다.

고모가 퇴근해 벗어 둔 살구색 투명 스타킹을 생전 처음 본, 호기심 많은 여동생이 신고 다녀, 올이 튀어 못 신게 된 걸 보고도 고모는 그저 빙그레 웃을 뿐이었다.

고모는 같은 동료 교사들한테도 인기가 많았었다고, 같이 근무했던 원로 선생님께서는 지난날을 회상하며 지금도 고모를 추억하곤 한다.

그러던 고모는 근무한 지 몇 년 후에 학교를 사직하고 명문대 출신의 신랑감을 만나 결혼하게 되어 서울로 떠나게 되었다.

대기업에 다니던 고모부는 결혼하고 3, 4년쯤 되었을까, 원대한 꿈을 안고 시작한 사업으로 인해 전 재산을 한입에 날리고 말았다. 고모의 생활고는 그때부터였다.

친정집을 '풀 방구리에 쥐 드나들 듯' 하던 나를 보기만 하면, 엄마는 어떻게 자식들을 키우며 살아갈 거냐고 고모 걱정을 하는 것이다. 들리는 소식에 의하면 먹고살 게 없어 주방기구를 팔러 다닌다는 것이다.

"엄마는 내가 고모를 도와주면 좋겠어?"라고 운을 떼니 그렇게

만 할 수 있다면 얼마나 다행이냐는 것이다. 고모한테 연락해 보니 그 당시로는 비싸도 너무 비싼 수입 주방기구로 요리를 해 보이며 파는 일을 한다고 했다. 기대하지 말고 내려올 수 있냐니, 물론이란다.

안방 침대를 세워놓고 요리실로 개조를 하고 선후배와 알 만한 지인들을 불러 모았다. 나머지는 고모 몫이었다. 고모는 기사, 요리사를 대동하고 나타나 요리강습을 한 후, 독일 압력솥 세트, 미국제 스테인리스 냄비 세트와 맥반석 정수기를 쓸 그 당시로는, 최첨단의 역삼투압 정수기, 식칼 세트 등, 주방용품을 효과적으로 사용하는 방법을 가르쳐주며 판매를 했다. 단 3일 만에 제법 놀랄 만한 매출을 올렸다. 10개월 할부로 판 할부금을 회수하는 사람을 고용한다는 말에, 그 많은 인건비를 제하면 뭐가 남겠냐며 매달 내가 받으러 다니던 기억이 새롭다. 한번은 받은 외상값 18만 원을 도둑이 훔쳐 가는 바람에 고모 모르게 채워가며 10개월이 지났다. 한 번 더 하면 훨씬 능률적으로 잘해 낼 수 있을 것 같아 고모에게 내려올 수 있겠냐니, 말씀하시는 품새가 이미 사업가가 다 되어 있었다. 나는 내려올 날짜를 예약하고 이번에는 훨씬 더 효율적으로 해보자며 준비를 하기 시작했다.

상품을 쟁여놓을 문간방을 비워놓고 문화센터의 안면 있는 강사들에게 강의시간 말미에 30분간만 할애해 주시라는 부탁을 했다. 요즘 같으면 말도 안 되는 일이 그때는 너그럽게 이해되던 시절이었다. 이익을 덜 남기더라도 고객관리에 철저해서인지 고모는 보름 동안 무려 어지간한 집 한 채 값의 매출을 올리며 요리강습 장소도 전주, 군산, 김제 등으로 넓혀갔다. 1년 전과는 비교도 할 수 없을 정도로, 고모는 유능한 요리강사 겸 중견 사업가로 발전해 있었다. 신용카드가 통용되기 시작하여 수금사원도 필요 없어졌다.

마침 경제사정도 나아져 삶의 질을 높이려는 주부들의 열망이 고조되기 시작할 때와 맞물려 고모는 중소기업과 견줄 정도의 수입을 올렸던 것이다.

그렇게 두어 달이 지나니, 고모는 "애썼다. 이제 고모가 알아서 할 테니, 너는 네 일을 해라."며 내려와도 나에게 더 이상 연락을 하지 않으셨다. 입소문으로 지경이 점점 넓혀져 정읍, 부안, 서천까지 웬만한 곳은 다 다니며 사업은 나날이 번창했다. 아예 창고가 있는 여관에 물품을 쌓아두고 고모는 일주일의 절반은 이곳에서, 나머지는 서울에서 사업을 벌여나갔던 것이다.

가장 좋아했던 사람은 한시름 놓은 엄마였다. 자식들 건사하느라 당신 코가 석 자라 사촌 시누이가 결혼해서 어떻게 사는지, 관심 가질 형편도 못 되는 엄마가 왜 그리 고모 걱정에 땅이 꺼지는지 그때는 좀 의아했지만 아마 동병상련이었을 것이라는 걸 자식 유학 보내며 뒤늦게야 깨달았을 때는 이미 엄마는 내 곁에 안 계셨다.

고모는 그 일을 20년쯤 더 하고는 어느 날 고모부랑 내려와서는 아버지랑 내게 중국 요리와 고량주로 저녁을 대접하면서 미국에 이민 간다는 말을 남기고 떠나가 버렸다.

돌이켜보면 고모는 그야말로 순수하고 착하고 여린 사람이었다. 부유한 가정의 맏딸로 태어나 그 당시로는 웬만한 여성은 감히 꿈도 꾸지 못할 대학 교육까지 마치고 영어교사였던 사람이 자식들을 위해서는 그야말로 물불을 안 가렸다. 생전 장사 근처에도 안 가 본 사람이 어디에서 그런 용기가 났는지 동에 번쩍, 서에 번쩍하면서 밑바닥에서부터 차고 일어났던 것이다.

그런 고모가 아무리 힘들어도 찡그린 얼굴을 하거나 하다못해 한숨을 쉰다거나 우울한 모습을 본 적이 없다. 늘 감사해하며 주위의 사람들을 따뜻하게 챙겼던 고모. 역시 고모는 박씨네 딸다웠다.

늘 온화한 미소를 띠거나 다정하게 "미서야!"라고 불러주는 고모가 나는 좋았다.

고모한테 산 주방기구가 40여 년이 지난 지금도 우리 주방에 건재해 자기 몫을 다한다. 마치 고모가 지금도 날 사랑해주는 것처럼.

어느덧 고모부도 가시고 혼자 된 고모는 이제 구십이 다 되어 간다. 귀가 어둡다고 문자로 말한다.

그러던 고모가 어젯밤에는 몇 년 만에 음성통화를 걸어와 길고 긴 통화를 했다. 보청기를 껴서 그만큼이라도 들린다는데도 나는 몇 번씩 말해야 하니, 주로 고모가 말하고 나는 들었다. 고모의 장성한 4남매의 근황과 손자들 얘기를 마치고도 미진했는지, 지금도 피천득의 『인연』을 읽는다거나 헤밍웨이의 『바다와 노인』을 읽으며 전엔 미처 못 느꼈던 걸 새삼 깨달으며 나이를 먹어갈수록 깨달아지는 게 다르다는 걸 역설했다.

아름다운 이 세상 소풍 끝내는 날
가서, 아름다웠더라고 말하리라….

천상병의 「귀천」을 인용하며 돌이켜보니 자기의 생의 발자취가 눈물 날만큼 아름다운 걸음이었다는 말로 끝맺었다. 역시 우리 고모는 박씨네 딸, 맞았다.

소리가 안 들려 소통이 잘되지 않으면 어떠랴. 눈이 어두워져 이 글을 못 읽게 된들 어떠랴. 문자로라도 통하면 되지. 지금같이만 좀 더 계속되기를.

# 박씨네 딸들

— 작은 거인

내 동생에게.

사랑하는, 이라기엔 너무 흔하고 고마운, 이라기엔 무언가 조금 형식적인 듯싶고 예쁜, 이라고 하기엔 조금 부족한 듯해서 그냥 내 동생에게, 라고 썼네.

부모님의 셋째 딸로 태어나 결혼 초부터 제랑이, 선도 안 보고 데려간다는 셋째 딸이 자기 아내라고 노골적으로 자랑스러워한 동생아.

세 살 아기였을 적, 지금도 낫기 어려운 폐렴에 걸려 생사를 오가며 부모님 애간장을 녹이고도 기어이 살아낸, 그 강인함으로 너는 평생을 살아왔을 것이다.

네가 초등학생 2, 3학년 때였을 무렵, 너를 낫게 해주신 의사 선생님께 감사 편지와 우리가 함께 힘을 합해 수를 놓은 방석을 보내드렸더니 답장과 세계명화전집을 보내주셨지. 그 책을 다 닳아질 때까지 보고 또 보며 꿈을 키웠었던 기억이 너도 생생할 것이다. 그 어른들이 우리의 영육을 키워주셨다. 그분의 선한 영향력으로 너는 의사가 되었을지도 모르겠네.

유독 책을 손에서 놓지 않고 매일 같이 시간을 정해놓고 아무리 재미있는 일이 유혹해도 그 시간이 되면 칼같이 책상 앞으로 가는 네 끈기에, 이 언니는 두손 두발 다 들었었지.

반면에 나는 달콤한 유혹에 잘도 넘어갔었지. 소설책에 영화 보느라 수업 중에 무단조퇴는 다반사고 아까시 숲속 나만의 비밀공간을 만들어 놓고, 그 안에서 나만의 세계에 빠져 있느라 공부는 늘 뒷전이었던 내가 어찌 네 그 단단함을 이길 수 있겠느냐.

천둥 벼락이 쳐도 꿈쩍 않고 책 속에 머리를 묻고 할 일을 하고서야 자리에 눕는 그 근성은 엄마 닮았을까. 아니면 '박씨네 딸들'의 유전인자가 흐르는 걸까.

네가 일가를 이룬 후에는 자식교육과, 남편 내조에도 일관되게 그 뚝심을 발휘했다는 것을 알만한 사람들은 다들 알 것이다. 제랑이 시끄러운 소문에 휩싸였을 때도 당사자에게 딱, 한 번 물어보고 확실히 아니라고 하니 두말없이 그것으로 그만이었던 너를, 아무리 동생이지만 나는 존경했다. 결국엔 아닌 것으로 밝혀졌지.

아버지는 일찌감치 네가 의사가 될 재목임을 알아채셔서 어질 인仁을 이름으로 주셨을까? 그러고 보니 나에게는 아름다울 미美를 주셔서 나는 그림 그리며 사는 걸까?

운명이라는 게 자기가 개척해서 앞으로 나아간다고 믿는 나이지만 아버지가 지어주신 이름대로 사는 걸 보면 이름이 갖는 영향력을 아주 무시할 수는 없는 일인가 보다.

아버지 소원대로 안과의사로 지역사회에 조용히 봉사하면서 살아온 네 인생역정에 박수를 보낸다. 몇십 년을 한결같이 한 길을 걷는다는 일이 나 같은 사람에겐 참으로 어림없는 일이지만 너는 그 길을 말없이 충실하게 걸어왔으니 당연히 박수를 받을 만하지 않겠느냐.

이제 평생을 종사해온 안과의사직을 내려놓고자 하는 너의 결단에 또 박수를 보낸다.

아직 건강할 때, 별 탈 없이 평생을 근무하다가 병원을 그만두려는 네 결정에 무조건 찬성이다. 그 오랜 세월, 참으로 수고 많았다. 개업의로 살면서 그 흔한 건물주가 아닌 걸 부끄러워하지 않는 내 동생, 참으로 대견하고 장하다.

돌이켜보면 너는 그저 너 하나만의 인생은 결코 아니었다.

기독교인으로서의 믿음과 의무를 다한 덕목을 갖춘 생이었다. 아니, 기독교인으로서의 축복도 누렸다고 해도 과언은 아니니라.

네가 불과 서른 한 살, 엄마가 치료 불가능한 암에 걸려 두 달 시한부 판정을 받았을 때였다. 다들 슬픔에 잠겨 우왕좌왕하고 있을 때, 나를 만나자고 하더니 대출받았다며, 그 당시로는 천만 원이라는 거금을 내 손에 쥐여주며, 엄마의 마지막을 위해 쓰라고 말했었지. 두 달밖에 살지 못한다던 엄마는 기도원에 머물며, 믿음이 준 기적일까, 7개월을 통증 없이 마음껏 기도하며 살다가 떠나셨지. 엄마는 생의 마지막을 네가 마련해준 돈으로 마음껏 봉사하고 헌금하며 쓸 수 있었다. 얼마 남지 않은 돈을 돌려주며 나는 그 돈이 엄마가 승천하는 마지막 불쏘시개였다고 생각했단다.

그때부터였나 보다. 제랑이 자아실현에 몰두하는 바람에, 실질적인 가장 역할을 해야 했던 너는 통장에 돈이 쌓이기도 전에 언니와 동생들을 도와야 했었다.

사는 일은 왜 그리 늘 힘들고 돌발적인 사고도 많이 터지는지. 이 동생 급한 불 끄고 나면 저 언니가 죽을 지경이니 말이다. 자매가 십시일반 빚을 내 여동생네를 겨우 세워놓으니 작은언니네가 파산지경에 이르고, 그 와중에 남동생네가 부도를 맞아 보증을 선 너는, 전 재산을 다 내놓고도 병원문을 닫아야 하는 시련이 찾아왔다. 그런 와중에도 너는 상심하실 아버지에게 밥 사드리려 한 달에 두 번씩 왔었지. 두어 달 후 아버지가 갑작스레 사고를 당해 돌아가셨으니 우리는 그렇게나마 마지막 효도를 했구나.

기억나냐? 위로랍시고, 이 웃기는 언니가 했던 말을.

안과의사가 자의든 타의든, 얼마간 의사 아닌 삶을 살아보는 것도 축복이라면 축복이니 그동안 하고 싶었던 걸 해보라던 말을 말이다.

매일 아침 산책도 하고 살림도 하면서 너는 참으로 의연했다. 몇 달 후에 씩씩하게 다시 진료를 시작하게 되었지.

그것도 모자라 갑작스러운 작은형부 작고 후, 길바닥에 나 앉게 되어버린 작은언니네 투룸 월세를 몇 년씩이나 매달 입금해 주었던 걸 어찌 잊을 수 있을까. 너는 작은 거인이다.

생각해 보면 우리 형제자매는 그저 형제간이 아니라 한 '몸'이었다. 같이 살고 같이 일어났다. 한 형제가 쓰러지면 다 같이 손잡아 기어이 일으켜 세웠고 하나가 지치면 다들 또 힘을 합해 넘어지지 말라며 두 손을 맞잡았다. 자기 돈 아깝지 않은 사람이 어디 있겠냐만 그때마다 네가 흔쾌히 통장을 털어 내놓은 돈은 그저 그냥, 돈이 아니었다. 그 돈은 우리 형제들의 밥줄이고, 희망이었다. 아니, 우리가 숨 쉴 수 있는 산소였다.

우리 형제들은 혹독한 겨울 추위를 딛고 뾰족이 내미는 새순처럼 그 지독한 어려움 속에서도 강인하게 살아났을 뿐만 아니라, 단 한 차례의 불화도 없이 부모님의 바람대로 남들이 부러워할 만큼의 우애와 화평의 복을 누리며 살아왔지, 싶다.

자랑스러운 내 동생아!

엄밀히 말하면 너의 조용한 배려심이 없었다면 이렇게 화목한

가족이 이루어지기 쉽지 않았을 터. 이제야 정식으로 말하려 한다. 팔 할은 네 덕이다. 고맙다. 동생아. 사랑한다.

고백하자면 단 한 번도 이 큰언니의 말을 거스르거나 어긴 적이 없는 내 동생. 너의 이름을 부르려니 새삼 목이 메이는구나.

이제, 다 내려놓고, 네가 해야 하는 일 말고, 하고 싶은 일을 하며 살아가길 기원한다.

아직은 젊고 젊은 나이이니 움츠러들지 말고 날개를 활짝 펴고 다시 한번 날아보길 바란다.

엄마 아빠도 하늘에서 보기도 아까운 셋째 딸의 또 다른 출발을 축복하며 "장한 우리 딸, 행복하게 살다가 만나자."라고 빙긋이 웃고 계실 것이다.

너는 현모이고 양처이며 사려 깊은 형제고 큰형부의 말대로 '이 세상에서 가장 착한 천사'이며 조카들이 기대고 싶은 이모고 고모이고 좋은 의사였다. 그런 삶을 살아온 네 생애를 다시 축하하며 앞으로 더욱 환한 삶을 살아가기를 이 큰언니가 또, 기원한다.

큰여동생의 기도로 문을 연 둘째동생의 서프라이즈 은퇴식에서 가족들이 편지를 낭독할 때마다 감사와 행복의 눈물이 멈추지를 않는다. 지나간 세월을 돌아보는 사연 사연마다 동생들의 착한 심성이 보인다. 내 차례가 되어 편지글을 읽으려는데 눈물 없는 나도 이미 목이 메어 한참을 추스른 후에야 겨우 편지를 읽을 수 있었다.

당사자인 동생은 물론 온 가족이 울다가 웃다가 맛있는 식사를 하고, 각자 준비해 온 선물과 축하금을 주며 참으로 뜻깊은 시간을 가졌다.

동생은 이 은퇴식을 계기로 시원하기도 하고 섭섭하기도 했을 천직을 내려놓고 감사하며 새 생을 씩씩하게 살아갈 희망에 부풀었으면 좋겠다. 이제 자기 자신을 위한 꿈을 꾸고 그 꿈을 이뤄나갔으면 좋겠다. 그랬으면 좋겠다.

# 조카의 결혼식

캐나다에 사는 조카가 제 부모가 있는 한국에 와서 결혼식을 한다고 연락을 해왔다. 한국에 친구가 있을 리 만무한 외사촌 동생의 결혼식 사회 볼 사람이 마땅치 않으면 자기가 결혼식 사회를 봐주겠다고, 딸이 제 외삼촌에게 제안을 했더니 좋아하셨단다.

결혼식 식순을 정하고 결혼식 전날 내게 연락을 해와 식만 치르고 금방 캐나다로 돌아가는 조카에게 편지글을 써 줄 거냐고 물어 그렇잖아도 축복의 글을 써서 비행기 안에서 읽어 보라고 주려고 한다고 하니 편지를 식장에서 읽어달라는 것이다.

식순에 의해 단상 주례석에 올라 신랑 신부를 가까이에서 바라보니 만감이 교차하며 맏손자를 귀히 여겨 애지중지하셨던 아버지가 생각나지 않을 수 없었지만 자칫 분위기를 해칠 듯싶어 애써 담담하고 담백한 어조로 편지를 읽어나갔다.

우리 집안의 보물 중의 보물, 찬우야.

네가 기적처럼, 선물처럼 우리 가족들에게 찾아온 지 벌써 32년이 되었구나.

너를 만나려고 고모들이 서울로 우르르 쫓아 올라가 첫인사를 나누며 꼬무락거리는 손가락 발가락을 만져 보고 안아 보며 팔다리가 길쭉한 것이 키가 크겠다며 얼마나 좋아했던지 모른다.

그렇게 우리에게 이루 말할 수 없는 기쁨을 주었던 갓난쟁이가 어느새 이렇게 헌헌장부가 되어 하나님의 축복 아래 결혼을 하게 되다니 이 큰고모는 감사하고 감사해서 너에게 편지를 쓴다.

네가 초등학교 다닐 때 우리 아버지인 네 할아버지가 '찬우가 제 아버지를 닮아 머리가 아주 좋다.'며 너를 명문대학에 보낼 거라면서 일주일이면 몇 번씩이고 너를 만나 공부 가르쳐주시며 예뻐해 주시던 일이 아직도 기억날 것이다. 세상의 할아버지가 다 그렇겠지만 네 존재 자체가 할아버지에겐 둘도 없는 축복이었고 보석이었다.

네가 장가간다는 소식을 듣자마자 고모는 그런 할아버지 생각이 났단다. 살아계셨으면 얼마나 흐뭇해 하셨을까. "요, 요

이쁜 것이 나중에 내가 없어도 지 할애비 기억할랑가?" 라고 하시던 말씀도 떠오른다.

겨우 초등학교 때 캐나다로 공부하러 간다고 고모한테 왔을 때 고모가 했던 말을 기억하는지 모르겠다. 물리학을 공부하고 싶다는 네 말에 "무슨 학문을 하든지, 어떤 기술을 배우든지 간에 인문학을 기저에 깔지 않으면 반쪽짜리밖에 안 되는 법이니 청소년기에 인문학 서적을 많이 읽어라."는 고모 말을 신기하게도 쏙쏙 이해하는 너를 보며 네가 어디서 어떤 일을 하며 살게 되든지 아주 내실 있게 잘살 거라는 믿음이 생겨 안심을 했단다.

찬우야. 네 부모님이 너를 위해 기도하고 양육하고 네 정신적 지주가 되었듯이 너도 네 자식에게 그런 아버지가 되기를 바란다.

네가 네 아버지를 닮은 구석이 많은 것처럼 하나밖에 없는 나의 남동생인 네 아버지를 보며 갈수록 할아버지를 닮아가는 게 신기하고 놀라울 때가 많았다. 체격부터 성격은 물론 아랫배가 살살 아프다는 체질까지 말이다. 그게 유전자의 힘이고 한 가문의 전통이고 역사다. 너는 그 역사를 잘 이끌어나갈 책임과 의무와 권리를 가졌단다.

네가 한국이 아닌 먼 타국에서 산다 해도 너는 한국의 자손이고 여전히 반남 박가, 야촌 자손의 종손이다. 그러니 너는 우리 집안의 기둥임을 잊지 말아라. 우리 집안의 명예와 긍지를 드높이는 삶을 살아갈 줄 믿는다.

사랑하는 찬우야.

'하나님을 사랑하는 자 모든 것이 합력하여 선을 이루느니라.'라는 로마서 8장 28절 말씀을 기억하라.

부디 그 말씀대로 살기를 바란다. 앞으로 너와 신부 이누리 양이 같이 하는 삶이 하나님 보시기에 아름답기를 기도한다. 네가 귀한 존재이듯 누리 양도 그의 가족에게 귀하고 귀한 사람인 것을 잊지 말아라.

너희 부부가 부디 양가 부모의 기쁨이 되기를 바라며, 보다 살기 좋은 사회가 되는데 보탬이 되는 삶을 살기를 바란다.

멀리 떨어져 산다고 우리 가족이 너를 잊고 있는 건 아니란다. 고모들이 너와 네 가족을 위해 기도할 것이니 아무리 어려운 고난이 닥친다 해도 씩씩하게 극복해 나가며 잘 살아나가거라.

무엇보다 행복해라. 재미있게 살아라. 보람있게 살아라. 감사해라. 그리고 무엇보다도 꼭 몸과 마음의 건강에 힘써라.

너에게 해줄 말이 한두 가지겠냐만 못다 한 말과 행간의 의미는 네가 더 잘 느낄 듯싶어 이만 줄인다.

부디 하나님이 늘 너와 네 가족과 네 이웃과 함께하기를….

2019년 3월 16일 큰고모 박미서가

편지를 읽는 내내 나는 조카와 마음의 교류를 느꼈다. 그런데 교류를 느꼈던 건 조카와 신부만이 아닌 듯했다. 식장에 있던 사람들이 마치 물을 끼얹은 듯 조용히 내 목소리에 귀를 기울였다. 식이 끝나자 사람들이 나에게 찾아와 눈물 날만큼 감동적이었다고 하기도 하고 추억을 소환해줘 고맙다고 하기도 했다. 듣는 동안 대부분은 각자의 아버지와 할아버지와 아들과 손자에 대한 상념에 빠졌던 것 같았다.

사회자의 기획은 성공적이었다. 누구보다 주인공들이 좋아했으니까.

조카가 결혼한 지 벌써 3년이 다 되어간다.

삶에 지칠 때마다 조카는 이 편지를 꺼내 읽으며 다시 나아갈 힘을 얻었으면 좋겠다.

# 공대생,
드디어 여자가 되다

선택의 여지가 없었다. 돈이 가장 적게 드는 지방 국립대를 가야만 했고 그가 갈 수 있는 국립대는 그때만 해도 미술과가 없었다. 떨어져야만 했다. 차라리 낙방했으면 학구열 많은 그의 아버지는 재수를 시켰을 것이고 이듬해엔 미술과에 갈 수 있게 되었을지도 모를 일이다. 그러나 그는 운 없게도 합격을 하고 말았다. 학교를 그만두려고 했지만 참말로 운 없게도 학과장님이 아버지의 동기 동창인 걸 합격하고서야 우연히 알게 되었다. 친구 딸 하나 못 거두겠냐는 학과장님의 말씀에 그는 팔자에도 없는 공대생이 되고 말았다.

전교 800명 중에 여학생들이 네댓밖에 없었고 그나마 그 여학생들은 강의실과 도서관에 박혀 캠퍼스에서는 도무지 얼굴 구경 한 번 할 수 없었다. 그러나 그는 섬유공학을 전공해서 섬유미술을 할 것도 아니니 공부는 아예 뒷전이고 그때나 지금이나 유별나게 단합을 잘하는 과 친구들이 워낙 잘 챙겨주니 점점 학교생활에 재미를 붙이기 시작했다.

그들은 툭하면 단체로 수업을 빼먹고 막걸리 내기 배구나 농구 시합을 하거나 당구장에 우르르 몰려가고는 했다. 근처에 있는 다른 대학 체육과생들과 막걸리 한 말을 걸고 축구 시합을 하기도 했다. 한번은 도저히 당해낼 재간이 없던 그들이 한 명을 더 넣는 꼼수를 부렸음에도 이길 방도가 없던 체육과생들은 그들한테 공대 체육과생이라고 부르곤 했을 정도로 그의 친구들은 다들 운동 한 가지씩은 잘했다. 그는 그저 운동하다가 터진 친구의 바지를 들고 학교 옆 하숙집으로 내달아 재봉틀로 박아다 준다든가 물 주전자를 들고 바삐 왔다 갔다 하면서도 친구들의 중심에 있었다.

같은 과의 유일한 여학생인 그가 같이 할 수 있는 운동이 있긴 있었다. 탁구 시합을 할 때엔 과에서 제일 잘하는 친구와 복식조가 되어 같이 뛸 수 있었던 것이다. 시합을 끝내면 으레 술집으로 몰려가 늦도록 막걸리를 마시며 놀았다.

잘 때만 빼고 종일 붙어 다녔던 과 친구들은 그에게 이미 이성 친구들이 아니고 그냥 동기간 같은 친구들이었다.

그는 지금도 두 달에 한 번씩 그들을 만나 친목을 다지고 1년에 한 번씩은 1박을 하며 밤늦도록 술잔을 놓고 그동안의 근황이나 심중을 털어놓으며 유쾌한 시간을 보낸다. 졸업 직후엔 숫제 밤을 꼴딱 새운 다음 날 오전에 배구를 하고 오후에나 아쉬운 해산을 했고 40대엔 새벽 서너 시에 잠자리에 들더니만 요즘엔 자정만 넘으면 자자고 성화다. 세월이 흐르긴 많이 흘렀다.

그들은 그에게 그저 단순한 친구들이 아니고 그의 울타리였다. 그러니 그에게 남자들이란 보통의 여자들처럼 막연한 호기심이나 환상을 갖게 하거나 지레 거부감을 갖게 하지 않는, 그냥, 사람들이었다. 그러므로 초면인 남자에게도 경계심 없이 그저 동성 친구처럼 편하게 대하곤 하는 게 그의 장점이자 단점이다.

일에 매여 꼭 참여하고 싶은 행사에도 대부분은 갈 수 없는 그가 무리를 해서라도 꼭 참석하고 싶은 행사가 있다. 매년 좋은 사람들과 같이할 수 있어 은근히 기다려진다는 것이다. 그해 여름에도 그는 행사를 위해 보이지 않는 곳에서 애쓰고 봉사하는 많은 분에게 고마워하며 해인사로 향했다.

공식행사가 끝나고 숙소 아래에 있는 술집에 모여 판이 벌어졌다. 술잔이 바삐 오가며 문기와 화기와 술기가 왁자하니 어우러지기 시작했다.

초장부터 거세게 바람을 잡는 남 작가는 모처럼 술이 받나 보다.

그의 경험으로 보건대, 술자리에서는 술 취한 사람이 대장이다. 졸병들은 대장의 말에 꼼짝없이 복종해야 한다.

아무래도 남 작가가 대장이 될 조짐이다. "선생님! 한잔하시지요."라고 공손히 술을 따르던 남 작가가 어느 틈에 호칭을 슬그머니 형으로 바꾼다. 술이 한 순배 더 돌면 "야! 야!" 하겠구나 싶더니 아니나 다를까, 아무에게나 '야!'다. 졸지에 큰형님도 작은형님도 그도 그의 동생이 되고 말았다.

유쾌한 술자리는 이쯤에서 문을 닫아야 한다는 술집 주인의 강요로 그만, 일행은 쫓겨나고 말았는데, 문제는 그다음이었다.

가랑비가 흩날리는 오밤중에 홍취가 꼭지에 다다른 취객들은 문밖 평상에 앉거나 서서 도무지 움직이질 않는다. 하대명년 부슬부슬 내리는 가랑비를 맞고 있을 수만은 없어 일단 묵기로 되어있는 호텔로 들어가자고 꼬드기는데 도무지 말을 듣지 않는다.

이미 남 작가의 동생이 되어버린 그가 남작가의 어깨를 어린아이 달래듯 두드리며 어른다.

"자자, 인제 그만 가서 자자, 응?"

눈을 반쯤 감고 비틀거리며 서 있던 남 작가가 갑자기 눈을 똥그랗게 뜨며 반응한다.

"뭐라고? 자자고? 아무리 거시기하기로서니 나는 아무하고나 자는 사람이 아니란 말이지."

"나를 뭘로 보고 그리 쉽게 자자는 거야?"

찌렁찌렁 울리도록 큰 소리로 떠들어대는 바람에 가야산에 깃들어 잠든 산새들이 푸드득 깨어나 낄낄 웃어대고 나뭇잎도 덩달아 한들한들 춤을 췄다는 풍문이다.

# 志苑 박미서 연보

# 志苑 박미서 연보

1951년 6월 5일, 전북 전주시 노송동 대밭집에서 낭만적이고 섬세한 성격의 아버지 반남 박씨 승우와 치밀하고 계획적이며 명랑한 어머니 성주 이씨 정례의 4녀 1남 중 장녀로 태어나, 애면글면 키우고 나니 밑의 4형제가 다 자라 있더라고 어머니가 말씀하실 정도로 유난히 병약했음.

1957년 전주초등학교 입학, 3학년 초 가세가 기울자 전주 성심여자고등학교 영어교사였던 아버지가 전주를 떠나고자 이리남성여자고등학교로 전근하는 바람에 단감나무가 있던 태평동 일본식 집에 살다가 익산 창인동으로 이사, 이리초등학교로 전학. 셋집 앞 교회 마당이 어린 날의 감성과 서정성을 키워준 놀이터였음. 한글을 떼자마자 책이 눈에 띄면 종류를 가리지 않고 닥치는 대로 읽는 잡식성 독서편력이 있었음. 4학년 때 담임 교사에게 도둑누명을 써, 열이 40도를 오르내리며 보름간 앓으면서 생각이 단단해짐, 학교를 결석하니 반 친구들이 날마다 집으로 찾아와 수업내용을 읽어주었음. 6학년 때 '황원규'라는 큰 스승을 만나 학문이나 예술은 학습보다는 연습이 중요하다는 것과 어떻게 살아야 하는가를 생각하게 되는 계기가 되었음

1963년 남성여자중학교 입학. 학교 도서실의 세계문학전집, 한국 근대문학전집 등 350여권을 2일에 3권씩 읽고도 동네에 있는 책 대여점 일급 단골고객이었음. 당시 유행하던 이태리, 프랑스 등 유럽 영화에 심취해 고등학교 졸업할 때까지 영화를 많이 보러 다녔지만, 단속 선생님께 들키지 않아 정학은 한 번도 맞지 않았음

중학교 때 홍석영 소설가가 맡은 국어시간에 써낸 작문을 교무실에서 선생님들께 들려드렸다며 글 쓰라고 종용하셔서 글 쓴다고 도스토옙스키가 되겠냐고, 톨스토이가 되겠냐고, 발칙하게도 '하다못해' 박경리만큼 쓰지 못할 바엔 원고지만 버리는 짓은 하지 않겠다고 고집을 부리며 문예반 활동도 하지 않았음. 이기반 시인과, 시조시인이며 한문학자이신 조두현 선생, 조재섭 선생께 국어와 한문과 고문을 배웠

음. 지금은 다 돌아가시고 석영 선생만 건재하셔서 가끔씩 만나 뵙고 아직도 짱짱하고 명징한 말씀을 듣는 복을 누리고 있음

1966년 이리남성여자고등학교에 입학. 전신재 선생께 국어학과 손광성 선생께 국문학을 배웠음. 이만큼이라도 글을 쓸 수 있는 것은 남성여중고 시절 잘 가르쳐주시고 문학의 전범을 보여주신 쟁쟁한 실력의 소유자이신 은사님들의 덕임. 늘 감사하며 그분들처럼 후학들에게 귀감이 되고자 함

1년 결석일이 40일이 넘을 정도로 몸을 지탱할 수 없을 만큼 건강이 좋지 않아 늘 우울하던 나는 맏딸이 명랑하게 살았으면 좋겠다는 어머니 말씀을 듣고 밝음을 가장하려다 보니 속은 내성적이며 겉으로는 외향적인 성격으로 변모했던 것 같음

2학년 말쯤 그림 그리고 살면 재미있겠다는 생각이 들어 미술대학에 가고 싶다는 내게 약학대를 가라는 아버지께 감기약 팔아 살기 싫다며 '불효'를 저지르고도 등록금이 싼 지방국립대에 미술대가 없어 차선책으로 공과대학 섬유공학과를 다닌 후, 홍익대학교 산업미술대학원 직물디자인학과에 합격했지만 2학기를 마치고 휴학, 끝끝내 하고 싶은 수묵화를 배우기로 결심했음

1969년 3월, 전북대학교 공과대학 섬유공학과 입학. 다행히 건강은 그럭저럭 좋아졌음

1학년 가을에 강암 송성용 선생을 사사, 댁으로 찾아가면 손수 대문을 열어 맞이해 주시고 잘 가라며 꼭 배웅을 해주셨음. 어른의 마음가짐과 예술인의 도를 가르쳐 주신 진정한 스승임. 3학년 때 아드님이신 송하경 선생께, 후엔 따님이신 송현숙 선생에게 서예를 배웠으니 보통 인연은 아니라고 생각됨.

공대 체육대회에 백일장대회를 연다고 공고를 하는 말을 듣고 치기를 부렸는지, 막걸리 한 말 내기를 걸고 참가해 '산문부 장원'을 해서 그 당시 전북대 국문과 교수이신 천이두 심사위원장께 상장을 받았던 일이 있었음

1974년 중등학교 준교사 자격증(섬유) 취득

1976년 대학 2년 선배였던 건축학과 졸업생인 김영배와 결혼. 내 작품의 신랄한 비평가이자 최고의 관람자이며 애독자가 되어 주었음

1977년 첫딸 지은 출생

1979년 아들 준호 출생

1983년 제1회 이리시민미술전람회에서 서예부문 금상 대상자 없는 '은상' 수상

1983년 스승을 찾고 찾다가 드디어 목정 방의걸 선생과 목원 임섭수 선생께 그림을 배우기 시작. 89년 익산, 뉴타운미술관에서 첫 번째 개인전을 하고 91년 독립했지만 내가

하는 작업의 의미를 생각하며 "나는 왜 그림을 그리고 싶어 하는가?"에 대한 생각 때문에 고민이 많았던 시기였음

1985년 가장 친한 친구이고 정신적 지주이자 무엇이든지 주문하면 뚝딱 해결해주던 도깨비 방망이같던 어머니가 갑작스레 발병해 7개월 투병하시다가, 무슨 일이 생겨도 그림을 끝까지 손에서 놓지 말라는 유언을 남기고 별세. 몸과 마음이 아파 3, 4년간 몹시 힘든 시간을 보내야 했음

1986년 제2회 전국서화백일대상전 문인화 부문 장려상 수상

1989년 제1회 개인전 익산 뉴타운미술관

1991년 익산에 개인 작업실을 마련하고 독립

전주행 합승택시를 타고 가다가 중앙선을 넘어오는 봉고차와 충돌, 요추 1번 압박골절과 오른손목이 골절되는 중상을 입어 전북대병원 응급실로 실려가 6개월을 누워있어야 했음. 38% 장애진단을 받았으나 말끔히 나아서 건강한 몸으로 돈벌어 세금내고 살겠다며 끝내 장애인 신청을 하지 않았음. 지금은 꾸준한 재활치료와 운동으로 일상생활에 거의 지장을 받지 않고 사는 축복을 누리고 있음

1992년 제4회 전국서화백일대상전 문인화 부문 동상 수상

전국서화백일대상전 추천작가

1994년 이대로 말면 단순히 그림을 잘 그리는 기술자만 될 것 같아 동양미술론에 대해 알고 싶어 전북대학교 교육대학원 미술교육 전공 입학

1997년 2월 22일 전북대학교 교육대학원 미술교육 전공 졸업

논문, (일품화론 연구 –일품화가 문인화에 미치는 영향을 중심으로)

9월부터 익산시 여성회관 한국화 강의 시작

1995년 전북일보에 1월부터 5월까지 「오늘을 생각하며」연재

1997년 제2회 개인전,서울 아트 스페이스, 익산 솜리문화예술회관

전국서화백일대상전 초대작가

익산시 여성회관 한국화반 출강(1997~2001년)

1998년 『에세이문학』에 표지그림 연재

뛰어다닐 정도로 건강하고 활발하게 활동하시던 아버지가 무면허 운전자 두 바퀴 저급 운송수단에 치어 소천. 그 절통한 심정을 시,「나무의자」로 표현

1999년 지원미술교습소 개설(1999~2012년)

고교 선배이자 시인, 수필가인 김용옥 선생의 간곡하게 2편만 써와라, 3편만 더 써

보라는 애정 어린 강요로 써둔 5편의 수필 중에 진외가 할아버지인 임억규 선생이 3편을 읽어보겠다며 가져가시더니 그중의 1편을 『에세이문학』에 초회추천, 내 원고가 실린 책을 보며 너무 놀라 이게 무슨 일이냐니, 편집주간이신 박연구 선생이 전시도록의 작가 서문을 보시고 이 정도의 글솜씨면 써놓은 작품이 있을 거라며 어떻게 하든 가져오라고 하셨다며 2편 중에 1편을 완료 추천작으로 하시겠다고 하시는 바람에 얼결에 등단하게 되었음. 등단패를 받으러 와야 한다고 해서 갔더니 심사해주신 박연구, 정진권, 강호형 선생께서 기다리고 계시다가 점심을 사주시면서 덕담을 해주셨던 게 눈에 선한데 지금은 가시고 김용옥 선생과 강호형 선생만 남아 계시니 인생무상임

"글은 우리 미서가 잘 쓰는데,"라며 끝말을 흐리셨던 아버지가 계셨더라면 수필가가 된 일을 좋아하셨을까?

1999년 '제1회 한국디지털미술협회대상전 초대작가상' 수상

2003년 제3회 개인전, 전주 민촌갤러리 초대전

2000년 『문예가족』 표지그림 연재(2000년~현재)

2001년 표지그림을 연재하고 있던 내게 익산까지 몇 번씩 찾아온 이목윤 선생의 간청으로 『문예가족』 동인 가입. 그저 그림쟁이일 뿐, 수필엔 자신이 없던 내게 용기를 주신, 지금은 가시고 안 계시는 분이다.

소재호 회장 시절 전북 문협 시화전 작품 130점을 맡아 후배작가에게 65점을 맡기고 날밤을 새워가며 한 달여 만에 완성했던 것을 시작으로 진동규 회장 때 영호남 교류 합죽선 시화전 작품 제작, 그 계기로 전북문협에 가입하게 되었음(2001년~현재)

그 후에도 군산문협, 익산문협 시화전 작품을 제작하며 시를 많이 접하게 되었음

2003년 한국전통문화고등학교 한국회화과 출강(2003~2008년)

2004년 전북도립미술관개관초대전, 전북미술의 조망(주관처, 전북도림미술관)

제4회 개인전, 익산 솜리문화예술회관

제5회 초대 개인전, 경기도 남양주시 갤러리 잉

2005년 제6회 개인전, 〈풍경 속으로 걸어가다〉 전북아트페스티벌, 한국소리문화의전당

제3회 갑오동학미술대전 심사위원

(사)한국서도협회 전북지회 초대작가 선정

2006년 제7회 초대 개인전, 서울 가로수길 메종드꾸숑

제2회 전국온고을미술대전 심사위원

롯데마트문화센터 한국화반 출강(2006~2009년)
남성예술관 소장작품 기증, 작품명 「겨울꽃」
제2회 전국온고을미술대전 심사위원

2007년 제8회 초대 개인전, 작은그림전 익산 커피명가
제9회 개인전, 박미서의 글과 그림 『사람이 살아가는 길 옆에』 출판기념 개인전(전북예술회관) 박미서의 글과 그림, 『사람이 살아가는 길 옆에』를 발간하고 출판기념 개인전을 열어 책 800부와 다수의 그림이 팔려 유학 간 아들의 1년 등록금을 충당하였음. 사정을 짐작하신 오하근 선생께서 자청하셔서 작품 평을 써주시고 가까운 지인을 초대해 조촐한 출판기념회까지 열어주신 은혜를 어찌 잊을 수 있겠는가

2007년 익산시 교육청 방과후학교 지원센터 순회강사(2007~2012년)
한국예총 익산지부 수석부지부장(2007~2009년)
한국미술협회 전북지회 한국화분과 이사(2007~2010년)

2008년 이리남성여중고 역대 회장단 회의에 불려가 동창회장직을 맡아달라는 강압(?)에 의해 감당하지 못한다고 버티다가 6월에 총동창회장에 취임, 취임식에서 동문들의 화합을 위한 행사와 돈을 열심히 벌어 모교와 재직 선생님들과 후배들을 위해 쓰겠다고 공표했음. 재임까지 4년의 임기를 마치는 퇴임사에서 취임시 약속했던 약속이행의 결실을 발표하며 임원들의 노고와 재직 선생님들의 교육열과 동문들의 화합과 모교에 대한 애정 덕분에 행복하게 직을 수행한 감회가 새로웠던 기억이 있음
'익산예술상 창작예술대상' 수상
제1대 한국미술협회 여성분과 전북지부 감사

2009년 이리남성여자고등학교 제9기 운영위원회 운영위원장
한국미술협회 익산지부장(2009~2010년)
익산미협 지부장이었던 정동규 조각가가 익산 예총 회장으로 당선되어 수석부지부장이였던 관계로 잔여 임기를 승계
제10회 개인전, 소통, 우리들의 관계를 위하여 익산 솜리문화예술회관
제부인 두재균 박사한테 선물한 100호짜리 그림 「만공」을 선물했는데 임의로 제46회 목우공모대전에 출품, 특선
전북미술의 현장전(전북도립미술관)

2010년 원광대학교 평생교육원 전담강사(2010~2012년)
2021년, 전북대 평생교육원 전담강사(2010~2021년)

이리남성여자고등학교 제 10기 학교운영위원회 지역위원

2010년 제11회 초대 개인전, 〈풍경, 꽃으로 만나다〉 인천광역시 평생학습관내 갤러리 가온

2011년 익산시 관내 우수 미술작품 구입 심의위원

제12회 개인전, 〈지원 박미서 도판그림전〉 전주 교동아트센터

익산시립도서관에 수묵담채화 「그 자리가 족하나이다」 (197 x 84.5cm) 기증

2012년 제13회 개인전, 〈바람이 길을 열다〉 지원 박미서전 서울 인사아트센터

2013년 익산문화재단 〈익산아티스트지원사업〉 수혜 수필집 『내 안의 가시 하나』(수필과비평사) 발간

2016년 익산미술협회 자문위원

2014년 한중우수작가초대전(안산단원미술관, 안산미)

2010년부터 강의를 해왔던 전북대 평생교육원 회원들을 중심으로 여지회를 창립하여 매년 여지회전을 개최해 왔음

『계간문예』에 시 천료. 시화전을 같이 하자기에 시인도 아닌 사람이 공적인 자리에 시를 발표하면 되겠냐고 억지를 부려, 벼락에 콩 구워 먹듯 호병탁 선생의 추천으로 등단 절차를 밟게 되어 익산 춘포역 100주년 기념행사의 일환으로 시화전을 진행하게 되었고 『계간문예』 겨울호에 〈춘포역 100주년 기념 시화전〉이라는 제목으로 강상기, 김영, 김영탁, 박미서, 박환용, 유강희, 윤효, 이경아, 이미숙, 이소암, 조기호, 진동규, 호병탁, 홍사성, 황재학의 시가 실렸음. 이 일을 계기로 시를 쓰게 되었음. 지나고 보니 내가 나 됨은 순전히 나를 아껴준 선후배들의 덕분임을 절감함

2015년 익산예술의전당 개관기념초대전(익산예술의전당)

백제역사지구 세계유산 등재 기념 제6회 문화재 그리기 대회 심사위원

마한문화예술제전위원회 제정 '제1회 자랑스런 선화상' 수상

2016년 백제에서 백제를 말하다(익산예술의전당)

수필선집 『이 찬란한 꿈을』 (좋은수필사) 발간

제14회 개인전, 〈천 · 지 · 인〉 지원 박미서전, 익산 그랜드팰리스호텔 굿갤러리

2018년 익산 강원 인티시티전(정선삼탄아트마인, 주관 익산문화재단)

전북실버방송 제5편 영상자서전 나의 길, 나의 인생(정복규 진행, 장소: 섬진강물문화관 전시실)

전북도립미술관 작품수집심의위원 (2018~2020년)

전북문인협회 이사, 익산문화관광재단 선임직 이사(2018~현재)

2019년 익산 목포교류전(익산예술의전당, 익산미협)
제15회 개인전, 〈물들다〉 익산 인갤러리
소통이 소통하다(익산 소통신문) 한국화가 지원 박미서 인터뷰
선과 발묵에 '서로의 관계'를 담다를 게재(송승욱 기자)

2020년 전북미협40회기념초대전, 지금, 어디 전북미술상생전(전북도립미술관, 전북미협)
제10회 2020 코리아아트페스타 자문위원
전북 문화예술진흥기금 지원으로 시집 『표면장력으로』(인간과문학사) 발간
익산 모던갤러리 초대, 전라도 웃녘 중견시인, 화가 – 〈시중유화 화중유시〉라는제목으로 시화전, 김익두의 사랑(박종수 화가의 사랑, 캔버스에 유채), 박미서의 「동백이 진다」(박미서, 동백이 진다, 디지털페인팅), 선산곡의 「검은 노래」(선산곡의 검은 노래) 조기호의 코스모스(이승우의 코스모스, 캔버스에 유채), 진동규의 「귀룽꽃 피어」(진동규의 귀룽꽃 피어), 호병탁의 「평화」(박종수의 평화, 목판에 유채)를 발표, 작가의 육필원고는 익산문화광광재단에 기증하고 『표현』 여름호에 〈지상 시화전〉으로 실림. 코로나로 인한 장기적 피로감을 조금이나마 해소시킬 수 있는 계기를 마련하고자 기획하였음
제16회 개인전, 〈개와 늑대의 시간, 경계를 허물다〉(Ipad그림)전주 지후갤러리, 익산 단카페
제21회 벽골미술대전 심사위원

2021년 〈서울 문학의 집, 기금마련전〉에 디지털페인팅 작품 6점 기증
2월, 정년제에 따라 전북대 평생교육원 전담강사를 끝으로 김제시립도서관 문화교실 문인화반 출강하기 시작
전국 매창 휘호대회 심사위원, 익산시 평생학습관 함열분관 문인화반 출강, 김제시 평생학습관 하반기 수필창작반 강사, 제13회 전국매창휘호대회 심사위원
제17회 개인전 (족자전) 익산 모던갤러리
제8회 여지회전 개최, 김제문화예술회관
원로작가전(익산솜리문화예술회관) (2016년~현재)
『문예가족』에 시, 「엄마의 어록」 5점 발표

2022년 익산문인협회 가입
익산미술상생전(익산예술의 전당)
한국예술인복지재단의 창작디딤돌 후원금으로 『사는 게 기도다』 수필집 발간